创新型素质教育精品教材

主编 吴志坚 白小强 苏健文

航空工业出版社

北京

内 容 提 要

学生安全教育是学校教育的重要组成部分,关乎校园师生的人身财产安全,上级教育及安全主管部门明确要求各级学校要高度重视学生安全教育工作。本书采用大量案例和原创精美图画的方式,生动形象地介绍了各种安全知识,内容包括"意外事故 不要惊慌""社交安全 健康网络""财产安全 防盗防骗""健康防护 美好生活""人身安全 珍爱生命""心理安全 快乐人生""安全出行 平安回家""自然灾害 沉着应对""步入社会 谨防陷阱""急救处理 挽救生命"。

本书结构合理、内容实用、体例新颖、栏目丰富,适合各类院校开展安全教育使用。

图书在版编目（CIP）数据

校园安全教育 / 吴志坚,白小强,苏健文主编. --北京：航空工业出版社,2023.12（2024.8 重印）
ISBN 978-7-5165-3612-4

Ⅰ．①校… Ⅱ．①吴… ②白… ③苏… Ⅲ．①大学生－安全教育－教材 Ⅳ．①G645.5

中国国家版本馆 CIP 数据核字(2023)第 248732 号

校园安全教育
Xiaoyuan Anquan Jiaoyu

航空工业出版社出版发行
（北京市朝阳区京顺路 5 号曙光大厦 C 座四层　100028）
发行部电话：010-85672666　　010-85672683

北京谊兴印刷有限公司印刷	全国各地新华书店经销
2023 年 12 月第 1 版	2024 年 8 月第 2 次印刷
开本：880×1230　1/16	字数：383 千字
印张：13.25	定价：45.00 元

PREFACE 前言

　　校园安全教育是学生素质教育的重要内容,是保障学生安全、建设和谐校园的重要前提,也是维护社会稳定的重要举措。加强校园安全教育,有助于提高学生的安全防范意识和自我保护能力,有助于保障学生的人身安全、财产安全和身心健康,有助于国家法律法规、安全教育政策在学校的贯彻实施。

　　目前,市场上关于安全教育的书有很多,但良莠不齐。例如,有的书内容不实用,学生读完后无法在生活中应用;有的书注重说教,文字过多,学生不愿意看。

　　那么,如何才能编写出一本讲解生动形象、学生爱看且实用的安全教育书呢?我们对各级学校学生面临的安全问题和学生的学习特点、阅读习惯等进行充分调研后,决定采用案例和图画结合的方式来讲解相关安全知识。

　　总地来说,本书具有以下几个特点。

　　(1)立德树人,铸魂育人。

　　党的二十大报告指出:"育人的根本在于立德。"本书积极贯彻党的二十大精神,秉承知识教育与素质教育同向同行的理念,有针对性地于每章安全知识内容后设置"安全小作业"栏目,旨在培养学生正确的世界观、人生观、价值观,厚植爱国精神,熔铸大爱情怀,增强法治观念,培育学生的创新精神,使其自我保护能力得到增强的同时,人文素养也得到全面提升。

　　(2)全新形态,全新理念。

　　国内首创全程以图画展示安全知识,让学生轻松阅读。这些图画具有意境丰富、幽默风趣等特点,可让学生在看图读书的过程中轻松掌握相关安全知识。同时,本书融入活页式理念,对素质教育的内容采用活页式排版,形式新颖,内容灵活,切实帮助学生将认知与实践相结合。

　　(3)案例新颖,与时偕行。

　　本书在讲解每个知识点时,选取一个针对性很强且能充分反映当下社会现实的案例,在激发学生阅读兴趣的同时也让学生感受到学习安全知识的重要性,从而使学生能够更好地理解和掌握所学知识,使学生能真正有所思、有所获、有所行。

　　(4)体例简明,内容精练。

　　体例上,本书在讲解每个知识点时,按"案例引入—安全要点漫画秀—安全互动抢答"的结构安排内容,符合学生的学习特点。内容上,本书精心安排了对学生实用性很强的内容,且讲解精练,通俗易懂,从而让学生轻松、高效地学习,并能在生活中应用所学到的安全知识。

　　(5)数字资源,混合驱动。

　　本书充分利用新技术,汇聚了大量的数字化资源,包括微课、课件、教案、在线练习、答案等。

其中，微课资源供学生扫码学习，弥补了纸质书欠缺互动性和立体感的缺陷，增添了学习的乐趣；精品课件和教案便于辅助教师的教学工作。此外，读者可以登录文旌综合教育平台"文旌课堂"下载相应资源。如果读者在学习过程中有什么疑问，也可登录该网站寻求帮助。

此外，本书还提供了在线题库，支持"教学作业，一键发布"，教师只需要通过微信或"文旌课堂"App 扫描扉页二维码，即可迅速选题、一键发布、智能批改，并查看学生的作业分析报告，提高教学效率、提升教学体验。学生可在线完成作业，巩固所学知识，提高学习效率。

本书由吴志坚、白小强、苏健文担任主编，林艺红、熊明亮、苟婷婷、王培宏、张煜可担任副主编。

在编写过程中，我们参考了大量的文献资料。在此，向这些文献的作者表示诚挚的谢意。由于编者水平有限，书中难免存在疏漏或不当之处，敬请广大读者批评指正。

特别说明：

（1）本书所选案例均来源于真实事件，但为了引起不必要的误会，部分人物使用了化名。

（2）本书没有注明资料来源的案例均为编者根据真实事件改编。

本书配套资源下载网址和联系方式

网址：https://www.wenjingketang.com

电话：400-117-9835

邮箱：book@wenjingketang.com

校园安全教育

目录

第一章 意外事故 不要惊慌 …… 1
  第一节 防范火灾 …… 2
    案例引入——一场由吹风机引发的火灾 …… 2
    安全要点漫画秀 …… 3
    安全互动抢答 …… 11
  第二节 防范溺水 …… 12
    案例引入——勇救溺水者却不幸身亡 …… 12
    安全要点漫画秀 …… 13
    安全互动抢答 …… 18
  第三节 防范踩踏 …… 19
    案例引入——上海外滩踩踏事故回顾 …… 19
    安全要点漫画秀 …… 20
    安全互动抢答 …… 23
  安全小作业——秩序在我心中 …… 24

第二章 社交安全 健康网络 …… 26
  第一节 交友安全 …… 27
    案例引入——危险的朋友 …… 27
    安全要点漫画秀 …… 28
    安全互动抢答 …… 29
  第二节 网络安全 …… 30
    案例引入——沉迷网络游戏，
           走上犯罪之路 …… 30
    安全要点漫画秀 …… 31
    安全互动抢答 …… 38

  安全小作业——迎接智能互联网加速
           到来的时代浪潮 …… 39

第三章 财产安全 防盗防骗 …… 41
  第一节 防范盗窃 …… 42
    案例引入——他们是如何被盗的 …… 42
    安全要点漫画秀 …… 43
    安全互动抢答 …… 49
  第二节 防范抢劫 …… 50
    案例引入——他们是如何被抢的 …… 50
    安全要点漫画秀 …… 51
    安全互动抢答 …… 55
  第三节 防范诈骗 …… 56
    案例引入——他们是如何被骗的 …… 56
    安全要点漫画秀 …… 57
    安全互动抢答 …… 62
  安全小作业——树立正确的消费观 …… 63

第四章 健康防护 美好生活 …… 65
  第一节 预防与应对食物中毒 …… 66
    案例引入——大学生毕业聚餐后食物中毒 …… 66
    安全要点漫画秀 …… 67
    安全互动抢答 …… 72
  第二节 预防与应对传染病 …… 73
    案例引入——嫖娼染艾滋，
           侥幸心理莫要有 …… 73

安全要点漫画秀……………………… 74
安全互动抢答……………………… 81
安全小作业——重视自身健康，
　　　　　　做好自我防护……… 82

第五章　人身安全　珍爱生命　84

第一节　防范暴力侵害……………… 85
案例引入——16岁男孩惨遭同学围殴… 85
安全要点漫画秀……………………… 86
安全互动抢答……………………… 89

第二节　避免打架斗殴……………… 90
案例引入——校园上演《古惑仔》…… 90
安全要点漫画秀……………………… 91
安全互动抢答……………………… 95

第三节　防范性侵害………………… 96
案例引入——被毁灭的花样年华……… 96
安全要点漫画秀……………………… 97
安全互动抢答……………………… 101

第四节　远离色情，拒绝赌博，
　　　　　抵制毒品……………… 102
案例引入——模仿色情电影引发的犯罪… 102
安全要点漫画秀……………………… 103
安全互动抢答……………………… 111

安全小作业——换位思考，
　　　　　　与人为善……………… 112

第六章　心理安全　快乐人生　113

第一节　排查心理问题……………… 114
案例引入——阳光少年为何自残……… 114
安全要点漫画秀……………………… 115
安全互动抢答……………………… 118

第二节　排解心理问题……………… 119
案例引入——从抑郁症中恢复的珍珍… 119
安全要点漫画秀……………………… 120
安全互动抢答……………………… 126

安全小作业——即使困厄，
　　　　　　也要热爱生活…………… 127

第七章　安全出行　平安回家　129

第一节　交通安全…………………… 130
案例引入——罪恶的"黑车"司机…… 130
安全要点漫画秀……………………… 131
安全互动抢答……………………… 135

第二节　旅游与住宿安全…………… 136
案例引入——无奈的退房……………… 136
安全要点漫画秀……………………… 137
安全互动抢答……………………… 139

第三节　户外运动安全……………… 140
案例引入——户外运动成了冒险……… 140
安全要点漫画秀……………………… 141
安全互动抢答……………………… 145

安全小作业——拿起法律武器………… 146

第八章　自然灾害　沉着应对　148

第一节　应对气象灾害……………… 149
案例引入——广东多地区遭遇气象灾害… 149
安全要点漫画秀……………………… 150
安全互动抢答……………………… 156

第二节　应对地质灾害……………… 157
案例引入——新疆伽师发生6.4级地震… 157
安全要点漫画秀……………………… 158
安全互动抢答……………………… 162

安全小作业——感受暴雨中的大爱…… 163

第九章　步入社会　谨防陷阱　165

第一节　谨防实习和就业陷阱……… 166
案例引入——求职不成反被骗………… 166
安全要点漫画秀……………………… 167
安全互动抢答……………………… 171

第二节　谨防误入传销……………… 172
案例引入——"吃人"的传销魔窟…… 172
安全要点漫画秀……………………… 173
安全互动抢答……………………… 177

安全小作业——提高就业法律意识，
　　　　　　和求职陷阱说再见…… 178

第十章 急救处理 挽救生命 ……………180

第一节 常见急症救护……………181
案例引入——掌握急救常识，
　　　　关键时救人一命……………181
安全要点漫画秀………………182
安全互动抢答…………………188

第二节 常见意外伤害急救处理………189
案例引入——被毒蛇咬伤不幸殒命的
　　　　女学生……………………189
安全要点漫画秀………………190
安全互动抢答…………………201

安全小作业——时间就是生命…………202

第一章

意外事故　不要惊慌

第一节

防范火灾

案例引入——一场由吹风机引发的火灾

某日，广东某学生宿舍楼4楼突发大火，浓烟从学生宿舍窗户冒出，迅速包围了整幢大楼。接到报警后，辖区消防队员立即赶到现场，利用消火栓将火扑灭。幸运的是，火灾发生时，宿舍楼里大部分人都去上课了，留在宿舍楼里的学生发现宿舍着火后也都迅速逃离火灾现场。

据了解，造成火灾的原因与用电不规范有关。该宿舍学生违规使用大功率吹风机，并且出门去上课时忘记关闭吹风机开关，导致吹风机过热引燃附近的棉被等可燃物，火苗迅速向周围蔓延造成火灾。事发后校方对该宿舍楼进行检查，发现了数千件违规电器。

从上面的案例可以看出，少数学生在思想上没有重视学校的防火安全制度，法律意识淡薄，从而造成火灾事故的发生，危害了公共安全。上述案例中的违纪学生均已受到学校严厉的纪律处分。

更让人担忧的是，记者随机走访了20名学生，其中竟有14人表示"不会使用灭火器"，只有5人表示"知道怎么用"，1人表示"用过"。

第一章 意外事故 不要惊慌

安全要点漫画秀

一、宿舍里如何避免火灾

校园里的许多火灾都发生在学生宿舍，那么，在宿舍里如何避免火灾呢？

① **安全用电**：许多火灾都是由于用电不规范引起的，因此，不要在宿舍、走廊和卫生间等区域私自拉接电源，不要破坏楼内的供电线槽（盒）和供电电缆。当宿舍发生线路故障时必须及时报有关部门进行维修，不要私自拆卸检查

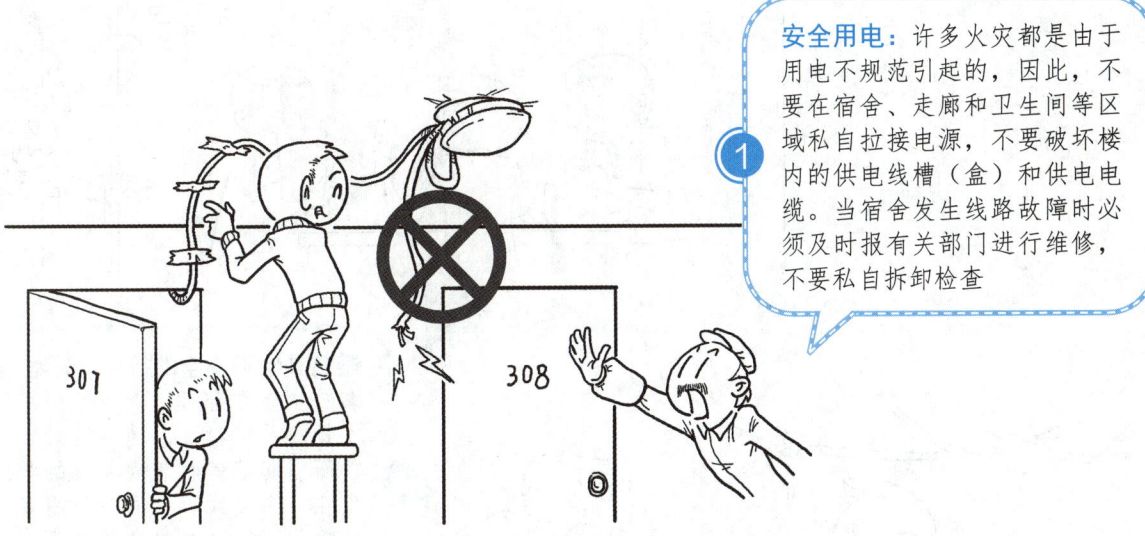

② **不要在宿舍使用违规电器**：有的学生在宿舍使用电磁炉、电热毯、电饭煲、电热水壶等违规电器。这些电器之所以被禁止，一是因为学生宿舍电力负荷小，承受不了大功率电器；二是因为学生生活经验不足，往往会忘记拔掉插头，造成电器过热从而引发火灾

擅自使用超负荷电器

3

③ **尽量不要在宿舍里使用明火**：有的学生在宿舍内点蜡烛、蚊香等，或者在宿舍、走廊内焚烧东西，这些行为都很容易引起火灾

④ **避免其他不安全的行为**：例如，有的学生在台灯上久放纸张、衣物等易燃物品，造成台灯过热而引起遮盖物着火；有的学生在一个接线板上同时使用多个插头，造成电量负荷过高，接线板发热，引发电路起火；等等

二、校园其他地方如何避免火灾

① **不要在实验时违规操作**：有的学生在实验时图省事，或者由于大意，没有按照规定的要求去做，造成实验事故，引起火灾。特别是在化学实验中，一些化学药品属于易燃易爆材料，操作不当就会引发爆炸，甚至火灾

第一章 意外事故 不要惊慌

 不要在树林、草坪违章用火：在树林、草坪吸烟、玩火、野炊等，都有可能引发火灾，因此尽量不要在这些地方违章用火

安全小贴士

吸烟不仅有害健康、浪费钱财，而且许多火灾都是因乱丢烟头而引起的，因此，请同学们不要吸烟。对于野炊的同学，野炊完毕一定要将火完全熄灭（可用沙土将正在燃烧或燃烧完毕的炭灰完全覆盖）。

三、如何使用灭火器

火灾发生时，要及时拨打119，然后寻找周围的灭火器，使用火火器火火。灭火器有不同的种类，使用方法也略有不同，其具体使用方法一般会绘制在瓶体上，使用前应注意查看。下面介绍干粉灭火器的使用方法。

扫一扫

灭火器的正确操作方法

① 使用前要将灭火器瓶体颠倒几次，使瓶内干粉松动

② 除掉灭火器上方的铅封，拔掉保险销

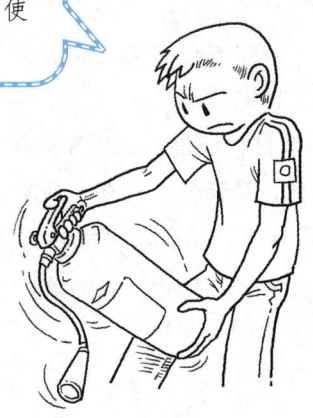
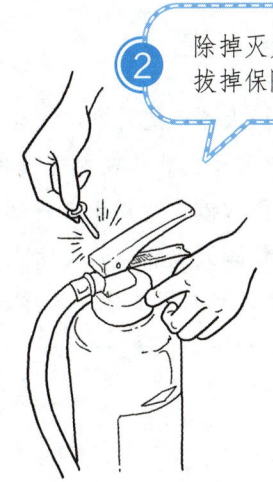

5

③ 一手握着喷管，一手提着压把；对于无管灭火器，一手端住瓶底，一手提着压把

④ 在距火焰三到五米的地方对准火焰根部，用力按下压把喷射干粉，使其覆盖燃烧区，直至火焰全部熄灭

安全小贴士

灭火器的种类

（1）**干粉灭火器**：使用方便、有效期长，一般家庭使用的灭火器都属于这一类型。它适用于各种易燃液体、气体及电气设备火灾。

（2）**泡沫灭火器**：适用于各种油类火灾和木材、纤维、橡胶等固体可燃物火灾。

（3）**二氧化碳灭火器**：灭火性能高、毒性低、腐蚀性小、灭火后不留痕迹，使用比较方便。它适用于各种易燃液体和气体火灾，仪器仪表、图书、档案和低压电气设备火灾。

第一章 意外事故 不要惊慌

使用灭火器的注意事项

（1）灭火时，人应站在上风处。
（2）不要将灭火器的上盖和底端对着人体，防止上盖和底端弹出伤人。
（3）不要与水同时喷射在一起，以免影响灭火效果。
（4）扑灭电器火灾时，应先切断电源，以防触电。
（5）持喷管的手应握在胶质喷管处，以防被冻伤。
（6）禁止对着人体直接喷射，尤其是面部，否则后果会很严重。

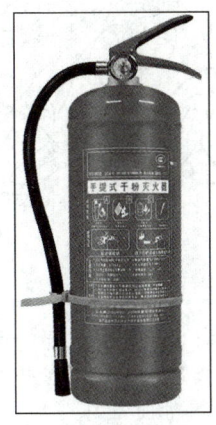

干粉灭火器

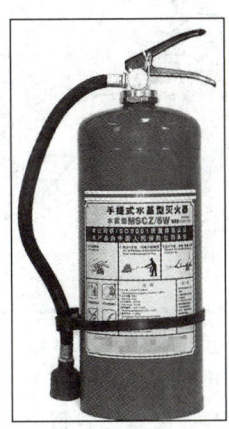

泡沫灭火器

二氧化碳灭火器

四、如何在火灾中逃生

遇到火灾时，要冷静思考，迅速采取逃生措施。

① 要迅速撤离。一旦听到火灾警报或意识到自己被火围困时，要立即想办法撤离逃生。如果是房间外起火，在开房门之前一定要先摸摸门锁温度。如果门锁不烫手，说明大火还没燃烧过来，此时可以打开房门查看外面的情况。开门的时候，要用一只脚抵住门的下框，防止热浪把房门冲开。在确认大火还未对自己构成威胁的情况下，尽快逃出火场

扫一扫

如何应对爆炸引发的火灾？

② 逃生时最好用湿毛巾等掩住口鼻，用湿衣服等包住头，从而避免吸入浓烟和减少身体的裸露面积。此外，应使身体尽量贴近地面，弯腰快跑，因为浓烟是从上往下扩散的，在距地面0.9米左右处浓烟最稀薄，呼吸较容易，视野也较清晰

③ 逃生时应选择安全出口，而不应乘坐电梯。在火灾发生时，电梯的供电系统随时会断电，电梯也会因热作用变形而无法正常工作。此外，电梯井如同贯通的烟囱般直通各楼层，会使困在电梯内的人被浓烟熏呛而窒息

④ 如果身上已经着火，千万不要带火奔跑。要设法脱掉衣服，或就地打滚，或用厚衣服、被子压灭火苗，或跳进水里，或让别人往身上浇水等

第一章 意外事故 不要惊慌

⑤ 逃生时要听从指挥，互相帮助，有序撤离，这样才能最大限度地避免伤亡；切勿盲目拥挤、互相推搡，使场面混乱

⑥ 逃生时如果发现门锁很烫手，或者浓烟已经从门缝钻进来，说明出口已经被火封死。这时千万不要开门，而应待在房间内，用湿毛巾、湿被子等堵住门缝，关掉电源，并迅速报警

⑦ 在房间内，要蹲在靠窗户的墙角处，以免房屋倒塌时砸伤自己，也方便救援人员第一时间找到自己。千万不要站在房子中间，也不要钻入床底、衣柜、阁楼等地方，因为它们都是火灾现场中最危险的地方，而且躲在这里的被困人员也不易被消防人员发现，难以及时获得营救

⑧ 如果房间在二、三层,在安全通道已被堵且救援人员不能及时赶到的情况下,可以使用身边的绳索,或利用床单、窗帘、衣服等自制简易的救生绳,并用水打湿,然后从窗台或阳台沿绳缓慢滑到下面楼层或地面,安全逃生

⑨ 如果所处楼层较高,最好不要冒险往外跳,因为这种逃生方式生还的概率很小。要尽量选择比较安全的地方避险,等待救援人员的到来。如果来得及可以拿上水盆躲到厕所或水房,把门关好,不时用水盆接水往门上泼、往自己身上浇

普法小课堂

　　《中华人民共和国消防法》第五条规定:"任何单位和个人都有维护消防安全、保护消防设施、预防火灾、报告火警的义务。任何单位和成年人都有参加有组织的灭火工作的义务。"

　　《中华人民共和国消防法》第二十八条规定:"任何单位、个人不得损坏、挪用或者擅自拆除、停用消防设施、器材,不得埋压、圈占、遮挡消火栓或者占用防火间距,不得占用、堵塞、封闭疏散通道、安全出口、消防车通道。人员密集场所的门窗不得设置影响逃生和灭火救援的障碍物。"

第一章 意外事故 不要惊慌

《中华人民共和国消防法》第六十四条规定:"违反本法规定,有下列行为之一,尚不构成犯罪的,处十日以上十五日以下拘留,可以并处五百元以下罚款;情节较轻的,处警告或者五百元以下罚款:

(一)指使或者强令他人违反消防安全规定,冒险作业的;
(二)过失引起火灾的;
(三)在火灾发生后阻拦报警,或者负有报告职责的人员不及时报警的;
(四)扰乱火灾现场秩序,或者拒不执行火灾现场指挥员指挥,影响灭火救援的;
(五)故意破坏或者伪造火灾现场的;
(六)擅自拆封或者使用被消防救援机构查封的场所、部位的。"

 安全互动抢答

(1)面对校园消防隐患,我们应该注意什么?
(2)灭火器有哪些类型?如何正确使用灭火器?
(3)如何在火灾中逃生?

第二节

防范溺水

 **案例引入——勇救溺水者却不幸身亡**

某日,云南怒江大桥附近一村庄6名学生结伴前往怒江大桥附近玩耍,由于天气太热,他们临时起意,选择在一处江水浅滩区域下水游泳。

第一名学生下水后,声称自己溺水了,在其余同伴准备营救他时,他却向同伴说是开玩笑的。结果,玩笑不幸成真,就在他说完的下一秒,其真的溺水了。两名同伴见状,跳下去营救,结果三人都溺水了。岸边的伙伴见状,立即找来竹竿营救。第一名下水学生和一名下水营救学生先后被岸边同伴用竹竿拉回岸边,而另一名下水营救学生没抓住竹竿,沉入江底,不见踪迹。

附近村民得知消息后,自发前往事发地进行打捞并报警。当地消防救援队接到报警后,立即调派人员前往处置。当日17时24分,失联学生被成功转移至岸边,但已无生命体征。

溺水事件经常发生,伤亡人数远远超过人们的想象。为了减少此类悲剧的发生,同学们应提高相关安全意识,并积极学习溺水后自救和救人的安全知识。

第一章 意外事故 不要惊慌

安全要点漫画秀

一、如何预防溺水事故

1. 留意警示牌，不要在禁止游泳的地方游泳

2. 走在河边、湖边要小心，特别是岸边又湿又滑时，很容易踩空跌入水中；不要独自去水深的地方钓鱼，最好有同伴陪同

3. 会游泳的同学不要贸然地跳水，跳水前一定要先弄清楚水中情况，必须确认水深至少有3米，并且水下没有杂草、岩石或其他障碍物

不要跳！

13

④ 游泳前避免太饿或太饱，做一些热身活动，否则可能引起抽筋；下水前先试试水温，太冷会对身体造成损害。如果水温较低应先在浅水处用水浇浇身体，待身体适应水温后再下水游泳

⑤ 游泳时不要互相打闹，以免呛水或溺水

⑥ 游泳时应有同伴陪同，一旦发生紧急情况，可以相互帮助或呼喊、打电话请求援救

第一章 意外事故 不要惊慌

⑦ 在游泳时如果突然觉得身体不舒服,如眩晕、恶心、心慌、气短等,应立即上岸休息或呼救

二、如何救护溺水者

发现有人溺水时,要马上救人,但是要采用正确的方法,否则不但救不了溺水者,自己也将陷入危险的境地。

扫一扫

溺水时如何自救和救人?

① 如果救生员就在附近,应请他下去救人。不会游泳或游泳水平有限的人,不要贸然下水,应大声呼救,并观察周围环境,找到救助方法,并及时拨打110、120和119求助

② 如果下水救人,一定要从溺水者的背部游过去,从背后抓住其胳膊,并将胳膊翻到背后,使其仰面朝上,头部夹在救护者腋下,然后尽可能用单臂侧泳将其带到岸边。若被溺水者抱住,不要相互拖拉,应放手自沉,使溺水者松开手,再进行救助

15

③ 将溺水者救到岸上后，迅速清除其口、鼻中的污泥、杂草及分泌物，并拉出其舌头，以免堵塞呼吸道。然后将溺水者的腹部架高，使其胸部和头部下垂，或者抱其双腿将腹部放在急救者肩部，做走动动作，以使其呼吸道内的积水自然流出。
注意：不要因为控水而耽误进行心肺复苏的时间

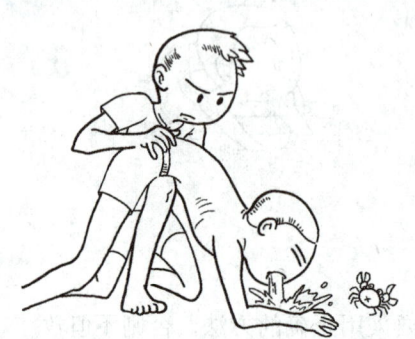
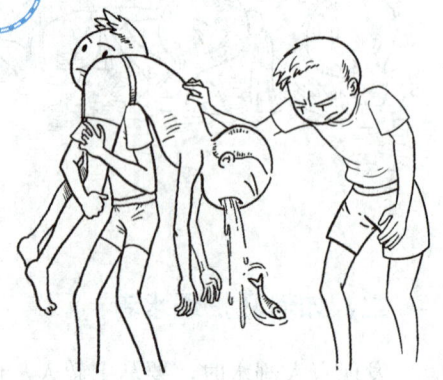

④ 若溺水者已昏迷，呼吸很弱或停止呼吸，救护者在做完上述处理后，要对其进行人工呼吸。让溺水者仰卧，救护者一只手捏住溺水者的鼻子，另一只手托着他的下颚，吸一口气，然后嘴对嘴将气吹入；吹完一口气后，离开溺水者的嘴，同时松开捏鼻子的手，并用手压一下溺水者的胸部，帮助他呼气。这样有规律地反复进行，每分钟做 12～16 次（开始时速度可稍慢，后面适当加快）

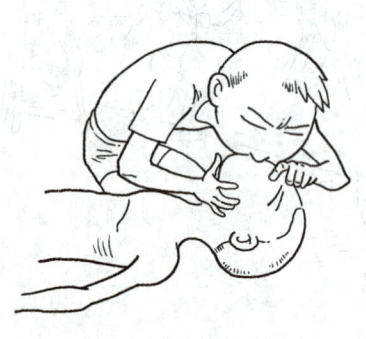
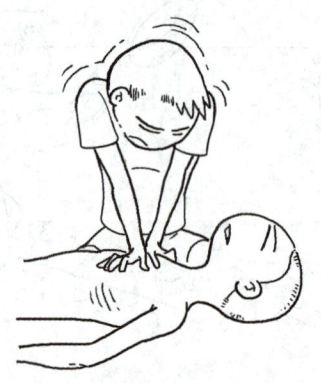

⑤ 对于短时间抢救仍不能恢复者，应边抢救边护送其到医院做进一步抢救

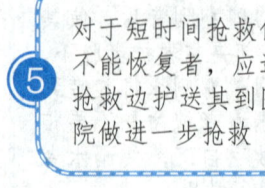

三、如何在溺水时自救

1. 溺水后不要慌张，一定要保持头脑清醒，要高声呼救，尽量少动，避免浪费体力。此外，尽量寻找并抓住可以攀缘之物

2. 冷静地采取头顶向后的姿势，将口、鼻露出水面，从而进行呼吸。呼气要浅，吸气宜深，尽可能使身体浮于水面，以等待他人救援。切记千万不能将手上举或拼命挣扎，因为这样反而容易使人下沉

安全小贴士

　　为预防和减少青少年溺水事件的发生，各地区相关部门依据《中华人民共和国教育法》《中华人民共和国未成年人保护法》《中华人民共和国突发事件应对法》，出台相关条例，明确县级以上人民政府应当组织有关部门、乡镇人民政府、街道办事处开展预防学生溺水综合治理工作。县级以上人民政府教育行政部门和学校应当定期开展防溺水警示教育，提高学生防范意识；对留守儿童、特殊家庭学生等重点群体，定期开展家访，督促学生监护人加强防溺水监管。学校应当按照规定将游泳纳入体育课程。

　　县级以上人民政府水利、应急管理、公安、住房城乡建设、城市管理等部门应当对本行政区域内易发溺水事故的河、塘、沟、渠、坑和水库、湖泊等危险水域风险隐患进行排查整治，明确水域管辖主体责任；有关责任单位应当完善安全警示标志设置、安全防护设施配备，加强日常巡查值守，妥善做好应急处置。

安全互动抢答

（1）如何避免溺水事故？

（2）发现溺水者便立即跳水救人，这样的做法是否正确？

第三节 防范踩踏

案例引入——上海外滩踩踏事故回顾

某年的跨年之夜,上海外滩陈毅广场发生拥挤踩踏事故,造成36人死亡,49人受伤。事故发生后,国家领导人做出重要指示,要求上海全力以赴救治受伤人员,做好各项善后工作,抓紧调查事故原因,深刻吸取教训。

多名目击者称,当晚11时左右,陈毅广场挤满了人,许多人被挤得无法挪动,甚至脚跟离地,不能站直,但仍有一小股人流在移动,个别游客有推挤动作。晚11时35分许,惨剧发生了。

当时在场的一名学生回忆:"就在眨眼之间,人群就被压得一动不动,周围都是哭喊声、叫嚷声。"

据另一名目击者回忆:"当时不知道谁喊了几声,然后台阶上就有几个年轻人起哄拥挤。本来台阶上就挤满了人,平台上的人想下来,下面马路上的人想上去,我们被挤在当中。很快就有女孩子摔倒、尖叫,然后人就一层层地倒了下去。"

据医院方面称,受伤人员的症状主要是由胸部肋骨骨折引起的创伤性窒息,以及背部软组织挫伤等。

安全要点漫画秀

一、如何预防踩踏事故

踩踏事故一般是在某个活动过程中，由聚集在某处的人群过度拥挤，造成无法及时制止的混乱而引起的。一旦发生踩踏事故，后果往往很严重。那么，如何预防踩踏事故呢？

1. **服从活动现场管理**：在大型集体活动中，举办方都要安排专业人员协调现场秩序，参与人员要服从安排，避免引起混乱

2. **举止文明**：人多拥挤的时候不推搡、不起哄、不制造紧张或恐慌气氛。发现不文明的行为要敢于劝说和制止

3. **远离危险区域**：尽量避免走到拥挤的人群中；不得已时，尽量走在人流的边缘

二、如何应对踩踏事故

① 陷入拥挤的人流时,一定要站稳,身体不要倾斜,以防失去重心,即使鞋子被踩掉,也不要贸然弯腰提鞋或系鞋带。有可能的话,尽快抓住坚固可靠的物体慢慢走动或停住

② 一旦发生骚乱,切勿盲目地跟随人流狂奔,应尽量走向人少的地方躲避

③ 应迅速寻找安全出口,听从现场治安人员指挥,依次疏散,不要慌乱拥挤

④ 若发现慌乱的人群朝自己的方向拥过来，不要逆着人流行动，应快速躲避到一旁，或者靠在附近墙角，等人群过去后再离开

⑤ 如果已身陷拥挤的人群中无法脱身，不要拼命推搡，要将双肘适当撑开，平放于胸前，形成一定的空间，从而保证呼吸顺畅，也避免内脏受到挤压。在保护自己的同时也要尽量保护身边的人，避免有人跌倒引起更大的混乱

扫一扫

踩踏事故"三要""三不要"

⑥ 要远离玻璃幕墙等相对易碎的设施，以免被扎伤或砸伤

第一章 意外事故 不要惊慌

7 万一被人群挤倒爬不起来，不要惊慌，迅速收腿抱头蜷缩成球状，护住头部、腹部等重要部位，最大限度地保护身体

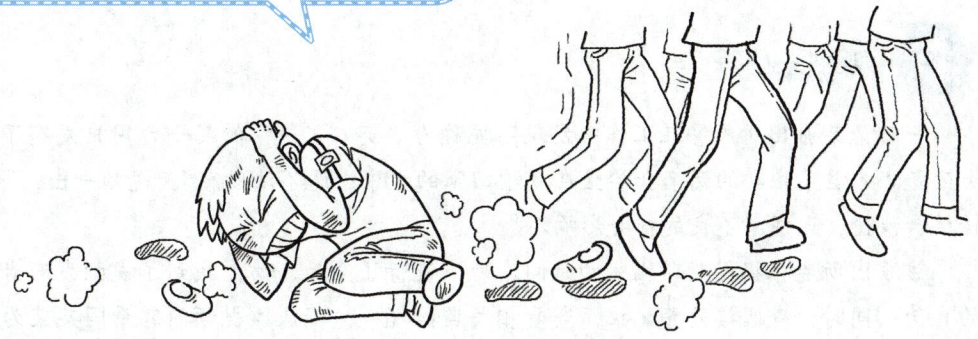

 安全小贴士

　　为有效预防、及时控制和妥善处理各级各类学校突发公共事件，教育部依据《中华人民共和国刑法》《中华人民共和国教育法》《中华人民共和国高等教育法》《中华人民共和国突发事件应对法》《中华人民共和国治安管理处罚法》等法律法规发布《教育系统突发公共事件应急预案》，要求各级各类学校根据有关法律法规，结合学校实际，制定相应的应急预案，建立健全应急机制，提高快速反应和应急处理能力，从而确保学校师生生命财产安全，保证正常教学生活秩序，维护学校和社会稳定。

 安全互动抢答

（1）谈谈你对上海外滩踩踏事故的感受。
（2）当踩踏事故发生时，应如何正确地应对？

安全小作业——秩序在我心中

 典型案例

一日,某派出所民警在工作中发现,昵称为"英姐××"的某平台用户发布了一条视频,内容大致是"本县某中学的两名女学生在放学回家的途中遭遇不法侵害"。视频一出,很快被大量转发、传播、议论,造成了不良的社会影响。

该派出所遂根据视频所描述的时间、地点进行了全面走访,找到了视频发布者,并了解了事情的真伪;同时,查阅接处警记录,查看相关监控视频,确认该视频内容系闫某某为博人眼球、获得更多的流量而杜撰。根据《中华人民共和国治安管理处罚法》相关规定,该县公安局依法给予闫某某行政拘留处罚。

 案例分析

在日常生活中,一些人为了一己私欲,在侥幸心理的驱使下做出了一些不遵守法律法规、扰乱甚至破坏公共秩序的行为。对于这些行为,正义没有姑息,国家也没有手软。这些人都受到了相应的处罚。

正所谓,没有规矩,不成方圆。大到国家,小到班级都有自己的秩序。公共秩序关系到人们的生命安全,关系到人们的生活质量,也关系到社会的文明程度。马路上,我们遵守红灯停、绿灯行的交通规则;进站时,我们遵守文明排队、不推不挤的秩序。只有遵守公共秩序,人们的社会生活才有可靠的保障。良好的公共秩序,离不开每一个人的努力。所以,维护公共秩序,我们要从自身做起,从身边的小事做起。人人守秩序,世界才会更美丽。

第一章　意外事故　不要惊慌

 我手写我心

请同学们根据对秩序的理解和自身的经历，填写下面的卡片。

我是遵守秩序的人吗？

我见过的不遵守秩序的现象

思想感悟

第二章

社交安全　健康网络

第一节

交友安全

案例引入——危险的朋友

"我以前成绩很好的,是班上的班长。后来认识了一帮朋友,他们总带我去网吧玩游戏。他们没读书,却总有很多钱,显得很酷,这让我很羡慕。"小辉说。10月23日,小辉因经常逃课而与班主任闹翻,被学校劝退,索性就和朋友们沉溺网吧。家和学校对他来说可有可无,父亲忙于工作,没时间管他,母亲溺爱他却管不住他。"20多天没回家,晚上就睡在网吧,没钱了问家里要,我妈会给,朋友也会带我出去'搞钱'。"小辉说。

11月20日,小辉在与同伙实施抢劫时被警方逮捕。根据《中华人民共和国刑法》第十七条规定:"已满十六周岁的人犯罪,应当负刑事责任。已满十四周岁不满十六周岁的人,犯故意杀人、故意伤害致人重伤或者死亡、强奸、抢劫、贩卖毒品、放火、爆炸、投放危险物质罪的,应当负刑事责任。"小辉因涉嫌抢劫、盗窃罪被公安机关逮捕。

校园安全教育

安全要点漫画秀

学生中，因交友不慎，被"朋友"骗吃骗喝、骗钱骗物者有之；帮朋友"分忧解难"而在有意无意中触犯法律，为"友情"所累者也有之。因此，同学们交友时要慎重，不要轻易相信他人，不要与自私自利的人为友，更不能与违法犯罪分子为友。对违反法律和道德的事情，要坚决予以抵制，切不可同流合污。

安全小贴士

朋友从相识到相知需要一个逐渐了解的过程，不要轻信初次见面就自我吹嘘、夸夸其谈和热情过度的人，不要轻易投入感情、金钱，以防上当受骗，落入他人设下的陷阱。

近朱者赤，近墨者黑。交一个好朋友会令人终身受益，反之则有可能让人得不偿失，甚至误入歧途。因此，交友要选择那些遵纪守法、品德端正的人作为深入交往的对象，而对那些人格低下、品行不端者要保持距离。

普法小课堂

在交友的过程中，要注意保护自己的个人信息安全。

《中华人民共和国民法典》第一千零三十二条规定："自然人享有隐私权。任何组织或者个人不得以刺探、侵扰、泄露、公开等方式侵害他人的隐私权。

隐私是自然人的私人生活安宁和不愿为他人知晓的私密空间、私密活动、私密信息。"

《中华人民共和国民法典》第一千零三十三条规定："除法律另有规定或者权利人明确同意外，任何组织或者个人不得实施下列行为：

（一）以电话、短信、即时通信工具、电子邮件、传单等方式侵扰他人的私人生活安宁；

（二）进入、拍摄、窥视他人的住宅、宾馆房间等私密空间；

（三）拍摄、窥视、窃听、公开他人的私密活动；
（四）拍摄、窥视他人身体的私密部位；
（五）处理他人的私密信息；
（六）以其他方式侵害他人的隐私权。"

 安全互动抢答

（1）谈谈你交友的原则。
（2）如何通过对方的言谈举止判断其是否值得交往？

第二节

网络安全

案例引入——沉迷网络游戏，走上犯罪之路

某日，在东莞市樟木头镇中心区发生一起烟酒商行被盗案件。在随后的一个月中，在樟木头镇又接连发生多起财物被盗案件，有多家烟酒商行、酒吧、小食店和房地产中介被盗。樟木头镇警方经过缜密侦查，发现这些盗窃案件的作案手法基本一致，认为这是同一伙人所为。于是，警方将几起案件并案侦查，并展开布控。

一日凌晨，4名窃贼在樟木头镇盗窃两间商铺后准备逃离时，被蹲点布控的便衣民警人赃并获。经审讯，4名窃贼均为未成年人，其中还有2名在校学生，4人对其结伙入室盗窃的犯罪事实供认不讳，目前已被警方刑事拘留。

据了解，未满17岁的董某现住在塘厦镇，是清溪镇某技校的一名在校学生。董某自上技校开始就喜欢玩网络游戏，但平时在学校读书，学校和父母都看得比较紧，玩游戏的时间也很少。暑假期间，董某很快就沉迷于网络游戏中，每天都泡在网吧里。流连网吧的董某先后认识了3名同龄的"网友"。由于均是未成年，父母给的零花钱都不多，无法满足他们上网的费用。为了自己继续在网络游戏中"叱咤风云"，他们不谋而合产生了"搞钱"的念头。

于是，4人结伙约定，趁夜间租车到樟木头镇盗窃路边商铺，得手后迅速返回。自第一次盗窃一间烟酒商行得手后，初次尝到甜头的4人团伙就此一发不可收，多次到樟木头镇作案，直至被警方现场抓获。

第二章　社交安全　健康网络

安全要点漫画秀

一、网上聊天交友时有何注意事项

① 由于受到沟通方式的限制，网上聊天往往会掩盖很多真相，为一些居心叵测者提供了可乘之机，因此，同学们在网上聊天交友时必须谨慎，不要轻易相信他人

扫一扫

网上聊天交友时的注意事项

② 在网上交友时，应尽量避免使用真实的姓名，不要轻易告诉对方自己的电话号码、住址等真实信息

③ 不要轻易与网友见面。对于素未谋面、没有深入了解的网友，同学们要保持安全意识，不要轻易见面，不给不怀好意的人可乘之机

④ 与网友见面时,要有自己信任的同学或朋友陪伴,见面的地点尽量选择在公共场所,不要选择偏僻、隐蔽的场所,见面的时间选择在白天,否则一旦出险危险情况,难以向他人寻求帮助

⑤ 在通过网络聊天时,不要轻易点击来历不明的网址链接或文件,这些链接或文件往往会携带病毒,造成系统崩溃或各种账号被盗

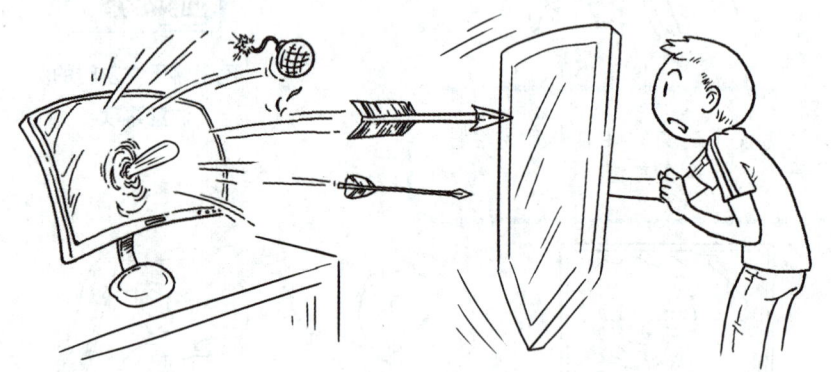

⑥ 警惕网络色情聊天、反动宣传等。网络中不乏好色之徒,言语间充满挑逗,这会对同学们的身心造成伤害。也有一些组织或个人利用网络聊天进行反动宣传,拉拢、腐蚀学生,这些都应引起同学们的警惕

第二章　社交安全　健康网络

 安全小贴士

在使用QQ、微信等工具聊天时，对一些主动聊天的异性网友，要注意对方是不是酒托。所谓酒托，是指酒吧等高消费场所安排"服务员"上网与人聊天，以交朋友等理由为诱饵，诱骗他人至酒吧消费高价酒水，这些所谓的"服务员"就是"酒托"。当消费者结账发现被宰而拒绝付款时，酒吧往往使用暴力或威胁手段迫使消费者付款。

此外，不要进入色情聊天室聊天，这些聊天室往往不仅携带病毒，而且会以各种方式引诱你付款。

二、浏览网页时有何注意事项

① **尽量选择合法网站**：许多非法网站利用人们好奇、猎奇的心理，放置一些不健康甚至是反动的内容，有的还带有病毒，威胁电脑安全

② **不要浏览色情网站**：色情网站通常带有病毒，浏览色情网站还会对学生的身心健康造成伤害，影响学生正常的学习、生活，甚至使其走向性犯罪的道路

③ **在虚拟社区要把握分寸**：虚拟社区里面有时会有一些带有攻击性的言论，或者反动、迷信的内容。有的同学出于好奇或打抱不平的心理进行留言，容易受到他人的攻击，稍不注意甚至会触犯法律

扫一扫

网络诈骗的常见手段

三、网上购物时有何注意事项

① **选择合法的、信誉度较高的网站进行交易**：网上购物时必须对购物网站的信誉度、安全性、付款方式等进行考察，最好不要直接通过银行卡汇款，而是选择货到付款或第三方支付平台（如支付宝）付款，防止财产丢失，或者个人账号、密码被盗

② 一些虚拟社区里的销售广告只能作为参考，不要贪图小便宜

③ 当网上商店所提供的商品的价格与市场价格相距甚远或明显不合理时，要小心求证，切勿贸然购买，谨防上当受骗

四、利用网络犯罪有何后果

① 不要随意使用黑客技术攻击各类网站，否则会触犯相关法律，也可能会引火上身，被他人反跟踪、报复，得不偿失

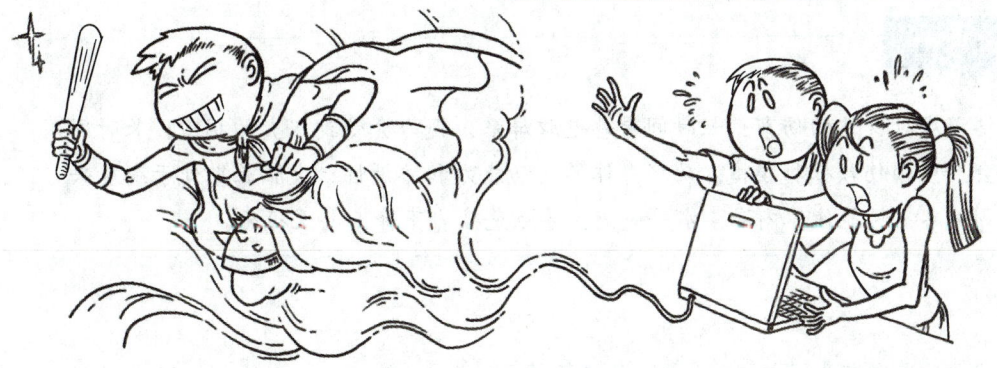

② 不要存在侥幸心理，以为利用互联网进行违法活动没有人知道。实际上，各地公安机关都设有网警，他们时刻盯着网民在互联网上的活动，如果同学们利用互联网进行违法活动，其后果必将是受到法律的严惩

五、沉迷网络游戏有何危害

同学们应该合理安排娱乐、学习和生活的时间,坚决拒绝过度沉迷网络游戏。下面介绍沉迷网络游戏的危害。

1 严重影响学生的身体健康:长时间无节制地玩网络游戏,对学生的身体健康是一种严重的摧残

扫一扫

网络游戏虽好,但要有度

 安全小贴士

　　沉迷网络游戏对身体的伤害:长时间看着电脑屏幕,视力会受到极大的损害;长时间保持坐姿,会严重损伤颈椎和腰椎,破坏身体的运动能力和协调性;大脑长期处于高度兴奋状态得不到休息,可能使体内激素水平失衡,导致免疫力下降,甚至猝死。

2 影响学生正常的学习和生活:一旦沉迷于网络游戏,便会耗费学生大量本应用于学习、休息和课余活动的时间,严重影响学生正常的学习和生活,造成学习成绩下降,甚至无法毕业

第二章 社交安全 健康网络

 造成学生的思想道德水平下降、法律意识淡薄：在网络游戏的虚拟世界里，人们可以任意妄为而不需要承担责任。若长期沉迷于网络游戏，可能造成学生道德缺失、法律意识淡薄、人性扭曲，甚至走上犯罪的道路

 容易造成学生人格异常和心理障碍：沉迷于网络游戏的学生常常陶醉于虚拟的自由、畅快与洒脱中，不愿意面对现实的自我，形成双重人格。当在现实中遭遇挫折时，容易产生心理焦虑和浮躁情绪，情况严重者甚至会引发各种心理疾病

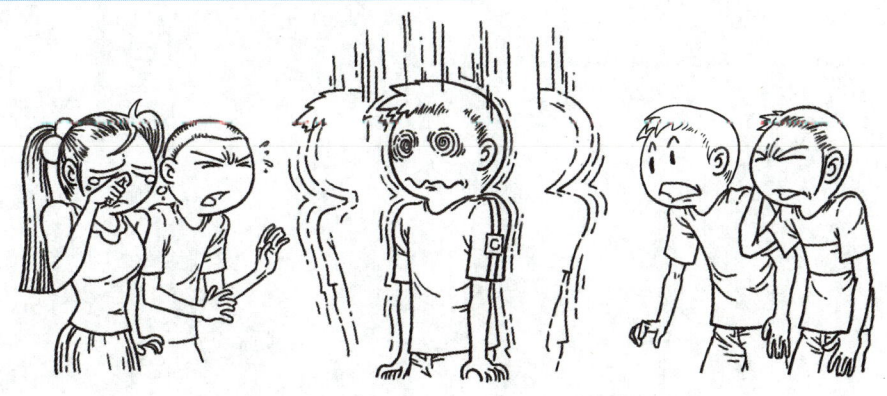

 普法小课堂

《中华人民共和国安全网络法》第二十七条规定："任何个人和组织不得从事非法侵入他人网络、干扰他人网络正常功能、窃取网络数据等危害网络安全的活动；不得提供专门用于从事侵入网络、干扰网络正常功能及防护措施、窃取网络数据等危害网络安全活动的程序、工具；明知他人从事危害网络安全的活动的，不得为其提供技术支持、广告推广、支付结算等帮助。"

《中华人民共和国安全网络法》第四十四条规定:"任何个人和组织不得窃取或者以其他非法方式获取个人信息,不得非法出售或者非法向他人提供个人信息。"

《中华人民共和国安全网络法》第四十六条规定:"任何个人和组织应当对其使用网络的行为负责,不得设立用于实施诈骗,传授犯罪方法,制作或者销售违禁物品、管制物品等违法犯罪活动的网站、通讯群组,不得利用网络发布涉及实施诈骗,制作或者销售违禁物品、管制物品以及其他违法犯罪活动的信息。"

 安全互动抢答

(1)你碰到过网络骗子吗?你是如何应对网络骗子的?
(2)利用网络进行违法活动需要承担法律责任吗?
(3)结合你的生活经验,谈谈沉迷于网络游戏的危害。
(4)你经常进行网络购物吗?你认为网络购物时需要注意什么?

安全小作业——迎接智能互联网加速到来的时代浪潮

典型案例

中国国际大学生创新大赛，旨在深化高等教育综合改革，激发大学生的创造力，培养造就创新、创业的生力军；培育新产品、新服务、新业态、新模式，促进制造业、农业、卫生、能源、环保、战略性新兴产业等产业转型升级；以创新引领创业、创业带动就业，推动高校毕业生更高质量创业就业。自2015年以来，该大赛每年举办一届。

第九届中国国际大学生创新大赛在南昌大学前湖校区白帆运动场落下帷幕，经过激烈的角逐，南昌大学的"中科光芯——硅基无荧光粉发光芯片产业化应用"项目以1 380分斩获大赛冠军；北京航空航天大学的"中发天信——万米高空无人守护者"项目获得亚军；斯坦福大学的"非夕科技——新一代自适应机器人定义者"项目、浙江大学的"多功能智能打印机先行者"项目、牛津大学的"面向未来可再生能源存储的绿色氨技术"项目、哥伦比亚大学的"呼吸氧疗新力量"项目获得季军。

这次赛事共有100多个国家和地区、上千所院校的200多万个项目报名参赛，参赛项目和人数是历年来最多的一次，主要围绕美丽乡村建设、生态环境治理、人工智能、航空航天、新材料、医学生物等关键领域展开项目创作，呈现了一场精彩绝伦的"双创盛宴"。

案例分析

创新是一个民族进步的灵魂，是一个国家兴旺发达的不竭动力。在激烈的国际竞争中，唯创新者进，唯创新者强，唯创新者胜。近年来，国家相继出台了一系列推动创新创业发展的新举措，营造了良好的创新创业环境，引发了创新创业的热潮。

大学生正处于最具创新意识和创业激情的年龄阶段，是创新创业大潮中最具活力和潜力的群体。数字互联网新时代的到来给创新创业带来了更多的机遇与挑战。互联网是把双刃剑，沉迷于其中不良内容可能会让我们走上违法犯罪之路；利用互联网开拓创新，则可能让我们踏上辉煌的成功之路。

因此，我们要在网络安全的基础上，将移动互联网、云计算、大数据、物联网、人工智能等新一代信息技术与教育、医疗、制造、能源、服务、农业等专业结合起来进行创新，将激昂的青春融入伟大的中国梦，在创新创业中绽放奋斗的光芒。

我手写我心

请同学们根据对数字互联网新时代的理解和自身的实际情况，填写下面的卡片。

A 我对数字互联网新时代的理解

♡ 我的梦想

⚙ 思想感悟

第三章

财产安全　防盗防骗

第一节

防范盗窃

案例引入——他们是如何被盗的

- **案例 1** 湖南某学校学生小王将手机放在宿舍书桌上,然后去隔壁宿舍聊了会儿天,当他回来后,发现手机被盗。小王反映,自己出门时忘了锁宿舍门。

- **案例 2** 嫌疑人张某通过翻墙的方式进入某校宿舍楼,摸取宿舍门框上同学们放置的备用钥匙后,趁同学们出去上课之际,用钥匙打开门,入室进行盗窃。

- **案例 3** 广西某学校学生黄某、李某等人在篮球场打球,衣服均放于一旁,打球完毕后他们发现衣服里的 3 部手机被人偷走了。

- **案例 4** 广东某学校两栋学生公寓楼多间女生宿舍被盗,数位学生的手机及现金惨遭盗窃,损失近 5 万元。被盗学生反映,她们第二天起床时才发现宿舍的窗户、大门居然是敞开的,柜子、桌子等有明显被翻找过的痕迹。同学们觉得,盗贼可能是顺着窗户爬进来行窃的。

由于校园里人员多,流动性大,环境相对自由,加之很多盗贼手法老到,即使学校安装了监控设备并加强了治安巡逻,盗窃事件仍时有发生,破案难度很大。为此,一方面学校要加强安全防范措施,另一方面同学们也应该加强自身的防盗意识。

安全要点漫画秀

一、在宿舍如何防盗

学生宿舍是同学们财产的主要存放地,许多盗窃案都发生在宿舍。因此,同学们一定要具备宿舍防盗意识,提高警惕,不给盗窃者可乘之机。

防盗案例之宿舍防盗

1. 不要随手将手机、钱包、笔记本电脑等贵重且容易拿走的物品放在桌面上或床上,尽量放在隐蔽的地方

2. 长时间离开宿舍应锁好门、关上窗户;短时间离开宿舍,如到其他宿舍串门,也要养成随手锁门的好习惯,防止外人随意进入宿舍

 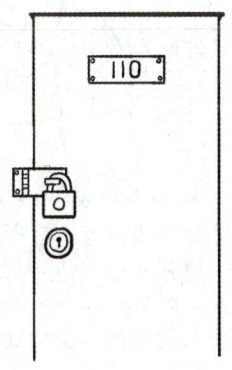

3. 不要将钥匙随手乱放,更不要将钥匙随意借给他人

校园安全教育

④ 睡觉前要检查门窗是否关好。不要将钱包等贵重物品放在床上、桌面上等醒目的位置

 应将数额较大的现金存入银行，不要放在宿舍。应妥善保管银行卡、身份证、学生证等有效证件。银行卡的密码尽量不要用自己的生日、电话号码等容易被猜到的数字，更不要随意向他人透露，包括最好的朋友

 不要让外人留宿。对形迹可疑的陌生人，如在宿舍楼里四处走动、窥探张望者，要主动多问问，使盗窃分子心生畏惧，无机可乘。必要时，可告知值班老师或保卫人员。若发生紧急情况，可向附近的同学求助或大声呼喊以求得帮助

二、在校园公共场合如何防盗

1. 在食堂、教室等公共场合需要临时离开时,应将包内的贵重物品拿出来随身携带,或找同学帮忙看管

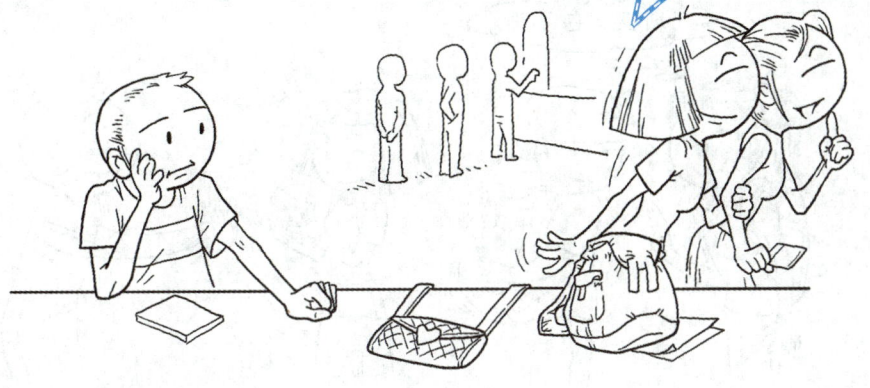

防盗案例之食堂防盗

2. 在食堂排队打饭时,不要将手机、钱包等放在裤子后兜里。此外,应将随身携带的背包或挎包移到身前

3. 在操场上运动时,最好把手机和钱包等集中放在一起,找专人看管,或将贵重物品放在宿舍

三、外出时如何防盗

1. 外出时尽量不要携带大量现金或贵重物品。在人多杂乱的地方，尽量不要清点财物，也不要因为不放心而经常摸放钱的口袋或背包，以免引起扒手的注意

防盗案例之外出防盗

2. 乘车前准备好公交卡或零钱，并检查背包拉链是否拉好，系好衣扣，不给扒手作案机会

3. 尽量不要将手机和钱包放在身后的口袋里，最好将背包等物品放在胸前，并用双手护住，视线不应脱离物品

防止被盗之打油诗

第三章　财产安全　防盗防骗

④ 在上下车时,要注意清点自己随身携带的物品,以免匆忙间丢失物品

⑤ 在秩序相对混乱拥挤的环境中应格外注意身边的人。有的犯罪团伙甚至会设计情节在公共场所进行表演,吸引人们的注意力,然后伺机作案。例如,有的团伙成员在公交车站假装争吵,甚至大打出手,吸引人们的注意力,团伙其他成员则借机实施盗窃

⑥ 长途旅行时应加强警惕,如不食用陌生人的食品和饮料。此外,尽量避免睡得太沉,因为扒手常常趁乘客熟睡而伺机实施扒窃

四、被盗后如何应对

1. 保护现场，及时报案。一旦失窃，不要惊慌失措，一定要保持冷静，要马上向学校的保卫人员报告或向公安机关报案，并注意保护好现场。与此同时，努力提供有价值的线索，积极配合警察侦破案件

2. 若存折、银行卡等失窃或丢失，应立即挂失，避免更大的损失。此外，应查询丢失后是否曾有人从被盗存折或银行卡中提取现金，若确有此事，应立即向当地公安机关报案

安全小贴士

由于现在的手机一般都安装有QQ、微信、支付宝等在线通信和支付工具，因此，平时应为手机设置屏幕锁。当手机丢失时，要及时更改这些在线工具的密码，避免造成更大的损失。对于支付宝，还可拨打客服电话95188进行挂失。

此外，在手机丢失后，最好向手机号码所属运营商申请暂时停用该手机号，即拨打运营商客服电话（移动为10086、联通为10010、电信为10000）进行申请，其间客服会要求提供3个常用的联系人号码。申请成功后可到运营商在当地的营业厅重新办卡。

第三章　财产安全　防盗防骗

③ 在学生宿舍这种人数较多的环境中，大多数盗贼不敢轻举妄动。如果撞见盗贼正在作案，不要害怕，应尽快拿起身边可以自卫的工具，如凳子、棍子等，保护自己，同时大声呼喊，请同学前来援助，但要防备盗贼情急伤人

④ 在盗贼无法被当场抓获的情况下，应记住其特征，如年龄、性别、身高、胖瘦、相貌、衣着、口音等，以帮助公安机关破案

普法小课堂

《中华人民共和国刑法》第二百六十四条规定："盗窃公私财物，数额较大的，或者多次盗窃、入户盗窃、携带凶器盗窃、扒窃的，处三年以下有期徒刑、拘役或者管制，并处或者单处罚金；数额巨大或者有其他严重情节的，处三年以上十年以下有期徒刑，并处罚金；数额特别巨大或者有其他特别严重情节的，处十年以上有期徒刑或者无期徒刑，并处罚金或者没收财产。"

安全互动抢答

（1）你被盗过东西吗？应从哪些方面培养良好的防盗习惯？
（2）遇到被盗情况时应如何应对？

第二节

防范抢劫

 案例引入——他们是如何被抢的

案例1 学生徐某一人到校外吃饭，在偏僻的地方被5名歹徒抢走现金1 000元和手机一部，徐某在反抗时被其中一名歹徒用匕首捅伤胸部，所幸抢救及时无生命危险。

案例2 学生小帆家庭条件优越，其父给他买了一款1万多元的高档手机。拿到手机后，小帆不时拿出来炫耀，恰巧被社会少年李某和王某看到。某日，在小帆回家的路上，李某和王某将其拦下，用暴力手段将手机抢走。

案例3 吴某流窜至西南某学校车站附近，正巧遇到放假准备乘车回家的女学生杨某。吴某趁杨某不注意，从后面拖拽其背包，杨某立马转身与嫌疑人进行拉扯，但力量不及吴某大，被吴某推倒在地。吴某抢走背包（内含900元现金和一部手机）后迅速逃离现场。

第三章 财产安全 防盗防骗

安全要点漫画秀

一、如何防范拦路抢劫

1. 晚上单独出行的学生往往会成为犯罪分子的首选目标。因此，为了保护自身安全，同学们晚上外出时最好结伴而行或尽量减少晚上外出

2. 外出时应妥善保管贵重物品，不要随身携带大量现金。不要在人前露富，不要让首饰、笔记本电脑、手机等贵重物品过于显眼

3. 学生遭遇抢劫多发生在比较偏僻的地点。因此，为避免遭到抢劫，外出时应选择走大道，特别是在夜间，莫要贪近走一些偏僻小道。要提高警惕，留意是否有人跟踪，若发现有人跟踪，应尽快将其甩掉，或者走向人多的地方

51

④ 到银行办理业务时,最好有同学陪同,特别是在取款时,要留意有没有被人盯梢

⑤ 外出时最好搭乘公共交通工具或正规出租车,不要坐"黑车"。近年来已发生多起"黑车"司机抢劫学生的事件

来呀!上车吧!

二、如何防范飞车抢夺

① 骑自行车外出时,尽量将背包平放在自行车篮筐底部,并将包带在车把上缠绕几圈,防止歹徒抢包

第三章 财产安全 防盗防骗

 在人行道行走时，不要紧靠机动车道，这不仅可以保证自身安全，还可以防止被歹徒飞车抢夺

 钱财不要外露，如不要一边走一边玩手机等电子产品，电子产品最好装进书包或口袋

如何防范飞车抢夺？

 警惕停靠在银行、大型商场门口不熄火的摩托车，或者长时间在身旁慢速行驶的骑摩托车的人

三、如何应对抢夺、抢劫

1. 若在人员密集区被歹徒抢夺或抢劫，可大声呼救，求得附近群众的帮助，或者吓退歹徒

2. 遭遇歹徒时，要保持冷静，判断实际情况，看准时机向人员集中的地方快速奔跑。犯罪分子由于心虚，一般不会穷追不舍，从而有效避免抢夺或抢劫

3. 如果抢夺或抢劫发生在较为偏僻的地方，自身又无力制服歹徒，那么，保护生命安全是最重要的。此时，可向歹徒交出部分财物，与歹徒机智周旋，表明自己并无反抗意图，使其放松警惕，看准时机再反抗或逃脱

第三章 财产安全 防盗防骗

遭遇抢劫时,要记住被抢劫的具体时间、地点,以及不法分子的人数、使用的凶器和交通工具等。如果不法分子乘坐汽车,应记住汽车的车型、车牌号、颜色及其他一些较为明显的特征,以便事后能为警方的侦破工作提供有效线索,利于案件的快速侦破

普法小课堂

《中华人民共和国刑法》第二百六十三条规定:"以暴力、胁迫或者其他方法抢劫公私财物的,处三年以上十年以下有期徒刑,并处罚金;有下列情形之一的,处十年以上有期徒刑、无期徒刑或者死刑,并处罚金或者没收财产:

(一)入户抢劫的;

(二)在公共交通工具上抢劫的;

(三)抢劫银行或者其他金融机构的;

(四)多次抢劫或者抢劫数额巨大的;

(五)抢劫致人重伤、死亡的;

(六)冒充军警人员抢劫的;

(七)持枪抢劫的;

(八)抢劫军用物资或者抢险、救灾、救济物资的。"

《中华人民共和国刑法》第二百六十七条规定:"抢夺公私财物,数额较大的,或者多次抢夺的,处三年以下有期徒刑、拘役或者管制,并处或者单处罚金;数额巨大或者有其他严重情节的,处三年以上十年以下有期徒刑,并处罚金;数额特别巨大或者有其他特别严重情节的,处十年以上有期徒刑或者无期徒刑,并处罚金或者没收财产。

携带凶器抢夺的,依照本法第二百六十三条的规定定罪处罚。"

安全互动抢答

(1)如何避免拦路抢劫?

(2)当在偏僻地方被歹徒抢劫时,应如何应对?

第三节

防范诈骗

案例引入——他们是如何被骗的

案例1 学生徐某某在高考后接到一个陌生电话，对方声称有一笔2 600元的助学金要发放给她。徐某某在ATM机上取骗子所说的"助学金"时，对方提出她的银行卡没有激活，所以取不出钱。按照对方要求，徐某某将准备交学费的9 900元取出并打入骗子提供的账户以激活银行卡……发现被骗后，徐某某万分难过，当晚就和家人去派出所报了案。在回家的路上，徐某某突然晕厥，不省人事，虽经医院全力抢救，但仍没能挽救她年轻的生命。

案例2 学生张某收到一条手机短信，被告知其中了13万元的大奖，张某虽怀疑这是骗局，但仍抵不住诱惑，按对方要求先后汇出公证费、转账费、税金等各种名目的款项8 000元后，仍未见对方兑现大奖，才确信真的上当受骗了。

案例3 吉林某学校学生王某自称兼职校园网贷，发展多位同学帮其开展"网络贷款、手机分期"业务，并保证由其负责每月按期还款。而事实上，王某将手机以低价卖出，未还清贷款就彻底失联了。案件涉及30多名学生，涉案金额达50多万元。

第三章 财产安全 防盗防骗

安全要点漫画秀

一、常见的骗子类型有哪些

1. **装可怜型**：这类骗子往往谎称自己的钱包被偷，身无分文，有家不能归，需要一些路费回家。心地善良的学生遇到这种情况，一般都会毫不犹豫地出手相助。虽然帮助别人是一种美德，但是同学们一定要擦亮眼睛，提高防范意识和识别骗子的能力

2. **中奖型**：这类骗子通常通过信件、电话、短信、微信或QQ等方式通知你"中奖了"，数目极大或礼品丰厚，但必须先预付20%的税金或手续费等才能领取，以此要求你汇款

3. **招聘陷阱型**：有些骗子用虚假广告招聘公关经理、模特等，骗取大笔培训费或摄影费后逃之夭夭；还有的学生被骗进传销组织

诈骗案例之刷单诈骗

④ **假冒诈财型**：有的骗子直接打电话到学生的家里，佯称其孩子被绑架或出车祸在医院急需治疗费用，家长可能因为不明真相，再加上救子心切，便会匆忙交钱。所以学生最好把老师及亲密朋友的联系方式告诉家长，以备不时之需。另外，学生不要把家庭信息透露给不熟悉的人，在网络注册、购物时也要注意信息安全

诈骗案例之网购诈骗

⑤ **套交情型**：在这类骗术中，骗子往往通过盗窃得到学生某位朋友的电话或QQ号，然后利用朋友的身份联系学生，说需要钱解燃眉之急。这类骗子一般不会直接电话联系学生，只是通过短信、微信、QQ等实施骗术，因此，一旦遇到这种求助，最好是直接打电话确认对方身份

诈骗案例之微信诈骗

⑥ **售卖欺诈型**：在这类骗术中，骗子号称低价出售某物品，如手机、电脑，甚至袜子等，学生往往被低廉的价格所吸引，然而骗子展示的是真货，收到钱后，给的却是假货。所以购物时一定不要给骗子调包的机会，看好的东西不要换手，也尽量不要先交钱

二、如何预防诈骗

1. 应树立正确的人生观和价值观，不贪图小便宜，不爱慕虚荣，增强抵制诱惑的能力，从而避免受骗

2. 在与陌生人交往的过程中，要认真审查对方的来历，保持清醒的头脑，理智处事，三思而后行。如有必要，找同学、老师或相关人员商量，多听取他人的意见，千万不能粗心大意，莽撞行事

3. 如果在交往过程中发现对方有可疑之处但又不能确定，不妨与之巧妙周旋，采取一定的谈话策略，旁敲侧击，以便从中发现对方的破绽，来验证自己的推测。在进一步排查之前，千万不能向对方泄露与自己财物有关的信息

校园安全教育

④ 在各种交往活动中还应把握交往的原则和尺度,以及避免妄加判断。例如,不要以貌取人;不要单凭对方的言谈举止、仪表风度、衣着打扮等第一印象而妄加判断,轻信他人;也不能只认头衔、身份和名气,不辨真假,应更多地思考和分析,不要被表面现象所蒙蔽

⑤ 有的诈骗分子采取"欲擒故纵"的方法,先兑现曾许诺的利益,让人感到此人所做的事是可信的,待取得他人的信任后,再骗取钱财。所以,对于陌生人许诺的利益,尤其是一些与现实差距较大的情况,一定要深思熟虑,不要轻易动心,不要相信天上会掉馅饼

⑥ 要注意保护个人信息,更不要轻易向外人透露自己的家庭情况,以免他人利用这些信息向家人诈骗钱财

安全小贴士

"国家反诈中心"App 是一款集合诈骗预警、报案助手、风险查询、骗局曝光等多种功能于一体的软件,可谓是名副其实的反诈"超级战舰"。这是一款国家级反诈防骗平台,可有效防范诈骗,守护群众的"钱袋子"。

三、如何应对诈骗

如果发现自己已经陷入骗局,千万不要惊慌失措,要义正词严地摆明自己的立场,但应避免发生正面冲突,以防止对方狗急跳墙,采取暴力措施。如果诈骗分子已经得手,则应尽快向公安机关报案,避免自怨自艾,贻误破案时机。

如何应对网络诈骗?

普法小课堂

《中华人民共和国刑法》第二百六十六条规定:"诈骗公私财物,数额较大的,处三年以下有期徒刑、拘役或者管制,并处或者单处罚金;数额巨大或者有其他严重情节的,处三年以上十年以下有期徒刑,并处罚金;数额特别巨大或者有其他特别严重情节的,处十年以上有期徒刑或者无期徒刑,并处罚金或者没收财产。本法另有规定的,依照规定。"

《中华人民共和国反电信网络诈骗法》第二十五条规定:"任何单位和个人不得为他人实施电信网络诈骗活动提供下列支持或者帮助:

(一)出售、提供个人信息;

(二)帮助他人通过虚拟货币交易等方式洗钱;

(三)其他为电信网络诈骗活动提供支持或者帮助的行为。"

《中华人民共和国反电信网络诈骗法》第三十八条第一款规定:"组织、策划、实施、参与电信网络诈骗活动或者为电信网络诈骗活动提供帮助,构成犯罪的,依法追究刑事责任。

前款行为尚不构成犯罪的,由公安机关处十日以上十五日以下拘留;没收违法所得,处违法所得一倍以上十倍以下罚款,没有违法所得或者违法所得不足一万元的,处十万元以下罚款。"

 安全互动抢答

(1)你遇到过骗子吗?你知道常见的骗子类型有哪些吗?

(2)结合生活实际,谈谈如何预防诈骗。

安全小作业——树立正确的消费观

典型案例

合肥某职业学校一大二女生小赵（化名），通过裸贷进行超前消费，供自己和男友开销。本来不到 5 万元的借款利滚利，一年不到，就滚成了 50 多万元的巨债。因还不起钱，小赵裸体持身份证的照片被传到了网上。家人的手机也被催债电话打爆了。不得已，小赵的家人报了警。

近年来，一些企业通过虚假宣传，诱导大学生过度超前消费，导致部分大学生掉入高额贷款的陷阱。"毕业贷""颜值贷""培训贷"等，无论花样怎样翻新，本质上都是不良"校园贷"。虽然不良"校园贷"打着"贷款无利息"的旗号，但是实际上其巧立名目、偷换概念，将利息换成了所谓的手续费、违约金、迟延履行金、保证金等，这些加在一起，就变成了高出国家规定银行同期利率的 10 倍、20 倍甚至更多的"高利贷"。于是，欠款就像滚雪球一样越滚越大，最终导致大学生本人根本无力承担。另外，有些不良"校园贷"为催收贷款本息不择手段，在网上公布大学生的裸照，对大学生的身心造成难以挽回的伤害。甚至有些大学生在重压之下，选择结束自己的生命。

案例分析

大学生是一个特殊的消费群体，有着独特的消费意识和消费特点。由于受到社会、家庭、学校和大学生自身心理等多方面的影响，大学生中存在着理性的消费行为，也存在着超前消费、炫耀消费、负债消费、享乐消费等非理性消费行为。绝大部分大学生没有正式收入，依靠父母提供的生活费生活。当父母提供的生活费无法满足其需求时，大学生就容易陷入不良"校园贷"的骗局，甚至造成许多无法挽回的悲剧。因此，大学生应树立正确的消费观，远离"校园贷"骗局。

一、量入为出，适度消费

消费支出应该与自己的收入相适应。大学生可以通过制订消费计划，避免不必要的、不合理的消费；也可以通过消费记录，监督自己的消费行为，从而避免产生非理性的消费行为。

二、放平心态，拒绝攀比

大学生要明白学习和充实自己才是第一要义，不要盲目从众，不要过度攀比，不要过分追求时尚，要放平心态，并学会用知识武装自己，做"腹有诗书气自华"的有志青年。

三、勤俭节约，艰苦奋斗

党的二十大报告指出，要"在全社会弘扬劳动精神、奋斗精神、奉献精神、创造精神、勤俭节约精神，培育时代新风新貌"。勤俭节约、艰苦奋斗是我国的传统美德，也是我国一路走来、发展壮大的基本保证，更是我国继往开来、再创辉煌的重要保证。大学生应该发扬勤俭节约、艰苦奋斗的优良作风，并将其作为精神力量指导自身的消费行为。

四、努力拼搏，经济独立

大学生作为接受先进知识、即将走上社会的专业人才，有必要在大学期间就尝试经济上的独立，培养一定的经济独立意识和储蓄观念，懂得一分耕耘、一分收获，努力拼搏，用自己的勤劳和智慧创造幸福的生活。

五、保护环境，绿色消费

党的二十大报告指出，要"推动绿色发展，促进人与自然和谐共生"，并"倡导绿色消费，推动形成绿色低碳的生产方式和生活方式"。大学生应该从自身出发，做绿色消费者，积极践行绿色生活理念，为保持人与自然的和谐发展做出自己力所能及的贡献。

请同学们根据安全研习社的学习和自己内心的想法，完成下面的卡片。

我的消费观

我对"校园贷"的认识

思想感悟

第四章

健康防护　美好生活

第一节

预防与应对食物中毒

案例引入——大学生毕业聚餐后食物中毒

某日，山东省泰安市某高校一个毕业班的多名学生出现拉肚子、呕吐、发烧等症状，18人在医院观察治疗。

"我们是大四学生，快毕业了。9日晚上，全班35人在校外D餐馆聚餐。回校后，就有同学开始拉肚子、呕吐、发烧。"学生小王说，"大家刚开始以为这是普通疾病，就没当回事。"但从10日起，又有多名学生出现类似症状。

多名学生称，9日晚上聚餐时，有道肉菜有异味，但当时大家都没在意，很有可能就是这道菜导致了食物中毒。

第四章 健康防护 美好生活

安全要点漫画秀

一、如何预防食物中毒

饮食健康是学生正常生活和学习的前提，但校园中潜伏着一种学生容易忽视的安全事故——食物中毒。食物中毒后，中毒者的第一反应往往是腹部不适，出现腹胀、腹痛、急性腹泻等症状。与腹部不适伴发的还有恶心、呕吐、发烧等症状，严重者甚至有可能脱水、休克。那么，学生应该如何预防食物中毒呢？

1. 养成良好的卫生习惯，饭前、便后要洗手

养成饭前、便后洗手的好习惯。

2. 使用干净卫生的餐具，如果自己有专用餐具，则应将其清洗干净并存放在干净的地方，且下一次使用前也要清洗

3. 尽量不吃剩饭剩菜，如果食用剩饭剩菜，则应将其彻底加热

剩饭吃不得啊……

67

④ 不吃变形、变味、变色的食物和包装破损、异常（如包装袋胀气）的食物

⑤ 警惕误食有毒、有害物质引起的中毒。将消毒剂、杀虫剂或鼠药一定要放置在远离食物的地方，并且用完后要及时处理掉容器

⑥ 不到没有卫生许可证的小摊贩处购买食物，不购买、不食用"三无"食品

第四章 健康防护 美好生活

7 在野外不随意采摘植物食用

8 饮用符合卫生要求的水，不直接饮用自来水，不饮用长时间露天放置的水

9 加强体育锻炼，增强免疫力

安全小贴士

食物安全十定律

（1）一旦煮好食物，就应立即吃掉。

（2）食物必须彻底煮熟后才能食用，特别是家禽、肉类。所谓彻底煮熟，是指食物所有部位的温度至少达到 70 ℃。

（3）选择已加工处理过的食物，如消过毒的牛奶等。

（4）如果需要把食物存放四五个小时，则应在高温（接近或高于 60 ℃）或低温（接近或低于 10 ℃）的条件下保存。

（5）存放过一段时间的熟食必须重新加热后才能食用。

（6）不要让未煮过的食物与煮熟的食物接触。

（7）保持厨房清洁。烹饪用具、刀叉餐具等都要用干净的抹布擦干净，一块抹布的使用不应超过一天，下次使用前应在沸水中煮一煮。

（8）处理食物前应先洗手。

（9）不要让昆虫、鼠和其他动物接触食物，以免其污染食物。

（10）饮用水应符合卫生要求。

二、食物中毒后如何救护

1　进食过程中若出现腹胀、腹痛、恶心、呕吐等不适症状，首先应立即停止进食，然后拨打 120 求助

急性食物中毒的急救方法

120吗？

第四章 健康防护 美好生活

② 如果在进食后的2个小时内发现食物中毒，可采用催吐的方法。如果中毒者行动不便，已无法自己催吐，救护者应使中毒者侧卧，防止中毒者的呕吐物堵塞呼吸道而引起窒息，并用手指、筷子等刺激中毒者舌根来催吐，直至其呕吐出较为澄清的液体。同时要注意，若呕吐物中出现血液，救护者应立即停止催吐，避免损伤中毒者消化道。催吐结束后，可以给中毒者喝水，以补充其水分

③ 如果食物中毒超过2个小时，并且中毒者尚有行动能力，则可服用泻药导泻，将有毒食物排出体外

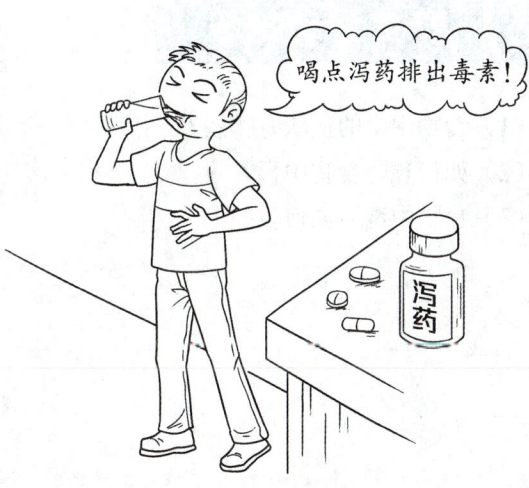

④ 如果中毒者意识模糊，失去行动能力，救护者应立即将其送往医院。应当注意的是，发生食物中毒后，救护者应保存好中毒者剩余的食物、呕吐物或排泄物，并将其提供给医生进行检测，以便医生确诊和救治

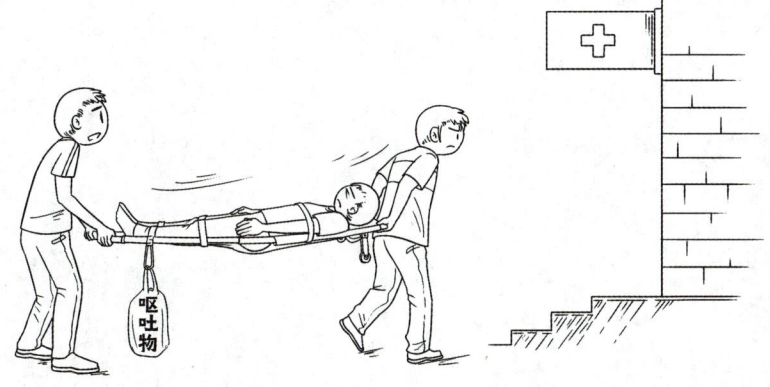

普法小课堂

《学校食品安全与营养健康管理规定》第五条规定:"学校应当按照食品安全法律法规规定和健康中国战略要求,建立健全相关制度,落实校园食品安全责任,开展食品安全与营养健康的宣传教育。"

《学校食品安全与营养健康管理规定》第十八条规定:"学校应当加强食品安全与营养健康的宣传教育,在全国食品安全宣传周、全民营养周、中国学生营养日、全国碘缺乏病防治日等重要时间节点,开展相关科学知识普及和宣传教育活动。

学校应当将食品安全与营养健康相关知识纳入健康教育教学内容,通过主题班会、课外实践等形式开展经常性宣传教育活动。"

安全互动抢答

（1）食物中毒的症状有哪些？
（2）如何预防食物中毒？
（3）食物中毒后如何救护？

第二节

预防与应对传染病

案例引入——嫖娼染艾滋，侥幸心理莫要有

小金是华中地区某高校的学生。从大一开始，他就志愿加入艾滋病宣传志愿者组织，并积极参与学校的防艾宣传，自己对艾滋病知识的了解也有一定的深度。一次偶然的机会，高中同学来看他，二人在饭后意外地发生了性关系。

突然有一天，小金感觉到身体出现了异样，发低烧、浑身乏力、肌肉酸痛且总是不好。怀揣着不安，他来到了当地疾控中心进行 HIV 初检，不久后，他被检测出 HIV 阳性。小金无法接受这一现实，他总感觉 HIV 是离自己很遥远的东西，然而现实就是现实，恐惧、后悔充斥着小金的内心。

积极参与防艾宣传、较深地掌握了艾滋病知识的学生小金，竟然也感染上了艾滋病病毒，这提醒着我们每一个人，艾滋病就在我们未察觉间侵入我们的身体。因此，千万不要以为艾滋病离我们很远，不要掉以轻心，也不要心存侥幸。

安全要点漫画秀

一、如何预防与应对流行性感冒

流行性感冒简称流感,是由流感病毒引起的急性呼吸道传染病,其传染性强、传播速度快。流感病毒主要通过空气中的飞沫、人与人之间的接触或与被污染物品的接触传播。典型的临床症状是高烧、全身酸痛、疲倦乏力、食欲不振、咳嗽、鼻塞等;严重时会引起肺炎及其他并发症,甚至可以致命。一般秋冬季节是流感高发期。流感可通过以下途径预防与应对。

扫一扫

传染病的基础知识

1. 加强户外体育锻炼,提高身体抵抗疾病的能力

2. 教室、宿舍和家中应经常开窗通风,保持空气新鲜

第四章 健康防护 美好生活

③ 在流感高发期尽量不要到人群密集的公共场所，避免感染流感病毒

④ 秋冬季节气候多变，注意适当增减衣服，外出时可佩戴口罩，保护自己不被流感病毒侵袭

⑤ 多喝热水，多吃清淡食物

二、如何预防与应对病毒性肝炎

病毒性肝炎是由多种不同肝炎病毒引起的以伤害肝脏为主的传染病。根据病原学诊断，肝炎病毒通常有5种，即甲型、乙型、丙型、丁型、戊型肝炎病毒，分别引起甲型、乙型、丙型、丁型、戊型病毒性肝炎。其中，甲型和戊型病毒性肝炎主要表现为急性肝炎，乙型、丙型、丁型病毒性肝炎主要表现为慢性肝炎，并可发展为肝硬化和肝细胞癌。病毒性肝炎可通过以下途径预防与应对。

① 为防止病毒性肝炎的入侵，平时应注意养成饭前、便后洗手的习惯

第四章 健康防护 美好生活

② 不去卫生状况较差的美容美发店及游泳池

③ 不要与病毒性肝炎患者共用餐具、洗漱用具等生活用品，若用过或接触过应及时消毒

④ 定期注射或接种肝炎疫苗，严禁与他人共用注射器针头

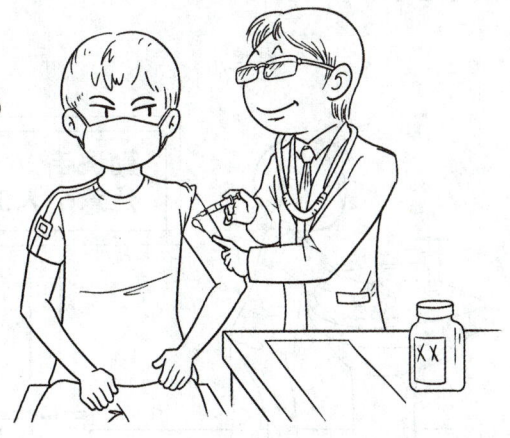

77

⑤ 病毒性肝炎患者需要采取一定的隔离措施，使用的餐具应进行消毒（如水煮消毒）

⑥ 如果病毒性肝炎患者从事的是食品加工等工作，应暂时将其调离该工作岗位

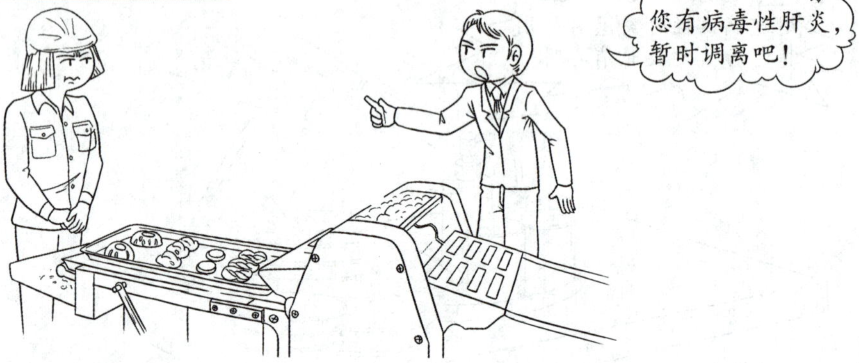

您有病毒性肝炎，暂时调离吧！

三、如何预防与应对肺结核

肺结核是由结核杆菌引起的慢性传染病。它常有低热、盗汗、乏力、咳嗽、咯血等症状，其传染途径是带菌的飞沫或尘埃经呼吸道侵入。带菌病人是肺结核的主要传染源。肺结核可通过以下途径预防与应对。

① 做好饮食卫生和个人卫生，避免接触肺结核患者

② 当出现肺结核症状时，应快速到医院就诊

③ 肺结核患者应保持良好的生活习惯，佩戴口罩，避免随地吐痰，保持室内空气流通，以控制传染源，切断传播途径

四、如何预防与应对艾滋病

艾滋病是由人类免疫缺陷病毒（又称艾滋病病毒）所导致的传染病。它主要有三种传播途径，即母婴传播、血液传播和性接触传播。艾滋病可通过以下途径预防与应对。

① 洁身自爱，避免婚前性行为

② 不与他人共用牙刷、剃须刀等生活用品

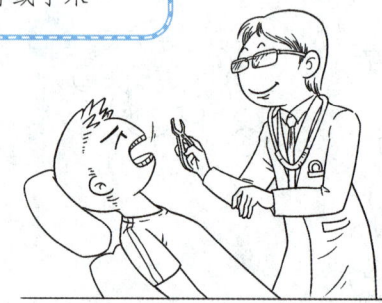

③ 不到消毒得不到保证的诊所、医院去打针、拔牙或手术

④ 不随便到消毒不严密的美容院穿耳、文眉、文身

第四章 健康防护 美好生活

⑤ 不以任何方式吸毒

⑥ 如果感染艾滋病病毒，应及时到医院进行治疗

普法小课堂

《中华人民共和国传染病防治法》第十六条规定："国家和社会应当关心、帮助传染病病人、病原携带者和疑似传染病病人，使其得到及时救治。任何单位和个人不得歧视传染病病人、病原携带者和疑似传染病病人。

传染病病人、病原携带者和疑似传染病病人，在治愈前或者在排除传染病嫌疑前，不得从事法律、行政法规和国务院卫生行政部门规定禁止从事的易使该传染病扩散的工作。"

《中华人民共和国传染病防治法》第三十一条规定："任何单位和个人发现传染病病人或者疑似传染病病人时，应当及时向附近的疾病预防控制机构或者医疗机构报告。"

《中华人民共和国传染病防治法》第七十七条规定："单位和个人违反本法规定，导致传染病传播、流行，给他人人身、财产造成损害的，应当依法承担民事责任。"

安全互动抢答

（1）如何预防与应对流行性感冒？

（2）如何预防与应对艾滋病？

安全小作业——重视自身健康,做好自我防护

 典型案例

小明是一名在校大学生,平时喜欢打篮球、看电影、和朋友聚会。他觉得自己身体很好,从来不生病,也不在乎流感疫苗之类的。

有一天,小明和同学们去了一家 KTV 唱歌。他们玩得很开心,唱了很多歌,喝了很多饮料。小明没有注意到,有一个同学咳嗽得厉害,还不时用手擦鼻涕,他们还共用了同一个麦克风。

第二天早上,小明起床后就觉得头痛、喉咙痛、浑身无力。他以为是昨天玩得太累了,就吃了两片感冒药,然后继续上课。上课的时候,他发现自己发烧了,体温达到了 39.5℃。他还觉得呼吸有些困难,胸口有些闷。他想去校医院看看,但是又怕耽误课程,就忍着。

下午放学后,小明觉得自己实在受不了了,就去了附近的医院。医生给他做了一些检查,然后告诉他,他感染了甲型流感病毒。医生说甲型流感是一种传染病,如果不及时治疗,可能会导致肺炎、呼吸衰竭、甚至死亡。医生还说甲型流感的传染性很强,小明可能已经把病毒传给了他的同学、老师、家人和其他接触过的人。医生建议小明住院治疗,并通知他的密切接触者也来检查。

小明听了医生的话,感到非常害怕和内疚。他不知道自己感染甲型流感的原因,也不知道自己会不会好起来。此时,他想起了自己平时的骄傲和无知,没有重视流感的防护,没有戴口罩、勤洗手、避免人群聚集等,十分后悔。

小明决定听从医生的建议,住院治疗,并给自己的同学、老师、家人和其他接触过的人打电话,告诉他们自己感染了甲型流感,并让他们也去检查。他希望自己能够早日康复,并保护好身边的人。

 案例分析

大学生要立志成才,首先要具备较高的思想道德素质、科学文化素质、心理素质和身体健康素质。而身体健康素质是大学生成才的重要因素。健康是人类生存与发展的最基本条件,健康既属于个人,也属于整个社会、国家和民族。大学生的身心健康关系到个人的学业、理想和前途,也关系到社会的进步、国家的昌盛和民族的振兴。新世纪给大学生带来了新的挑战、竞争与机遇。只有确保自己的身体健康,才能对未来有明确的努力方向,脚踏实地不断进取,有理想和事业上的追求,为提高自己的综合素质打下良好的基础。

因此,大学生应该增强"自身健康第一责任人"意识,保持身心健康,养成文明健康、绿色环保的生活方式,同时为校园的健康安全筑起一道防御网,为平安校园建设尽一份心,出一份力。

第四章 健康防护 美好生活

 我手写我心

请同学们根据自己对健康观的理解和自身的实际情况，填写下面的卡片。

A 我的健康观

♥ 我对"自身健康第一责任人"的认识

⚙ 思想感悟

第五章

人身安全　珍爱生命

第一节

防范暴力侵害

案例引入——16岁男孩惨遭同学围殴

12月16日下午放学后,深圳某学校的学生小乐被多名学生拉到一个偏僻的地方进行围殴,其间不仅被踹头、轮番殴打,还被要求跪下道歉,并用力扇自己耳光。就在小乐被迫下跪道歉时,打人的学生多次飞踹其头部,导致受害人小乐脸上和身上有多处瘀青。据当事人小乐称,被打是因自己曾举报对方收"保护费"。发生围殴事件后,小乐表示不敢再去上学。小乐的母亲十分担心小乐会因此留下心理阴影。

面对如此恶劣的校园欺凌事件,我们在谴责校园暴力的同时,也应该思考:当遇到突发的暴力侵害时,该如何应对?

安全要点漫画秀

一、如何防范暴力侵害

1. **保持警惕**：对自己成为受害者的可能性要有清醒的认识，树立起自卫防身意识，时时留心，处处警觉

2. **保持低调**：不爱慕虚荣和争强好胜，有时候炫耀会被歹徒盯上，惹祸上身

3. **拒绝诱惑**：当有人（尤其是陌生人）约自己到娱乐场所或其他不安全的地方时，一定要坚决拒绝

第五章 人身安全 珍爱生命

④ **和善待人：**不欺负人，不侮辱人，不随便占人便宜，以免因结仇而遭到报复

二、如何应对暴力侵害

① 遭遇校园暴力时，应及时告知学校或报警，在学校和警方的帮助下制止暴力，决不能逆来顺受或直接以暴制暴

你觉得该如何避免校园欺凌？

 安全小贴士

校园暴力是指在校内外发生的，可能造成受害者身体、心理、性等方面伤害的攻击性行为。它的常见表现形式包括身体暴力、情感或心理暴力、性暴力和欺凌。

未成年人打伤人需要承担责任吗？

87

② 与不法行为做斗争一定要讲策略，运用智慧与歹徒周旋，尽可能避免直接搏斗，以免受到不必要的伤害。必要时可先满足对方提出的要求，及时逃离，与此同时一定要记住对方的体貌特征，事后及时报警，或向老师、家长寻求帮助

③ 要增强法治意识，在侵害发生后，要勇敢地站出来，用法律武器维护自己的正当权益

安全小贴士

歹徒一般有几种意图：抢劫财物、强奸、绑架勒索、图财害命。如果歹徒只是单纯地抢劫财物，切忌贪恋财物，不要抱有侥幸心理，保命是第一要义。当歹徒索要财物时，可将其尽可能往远处扔，以便歹徒拿取时，趁机往反方向逃跑。

歹徒虽然在行凶时有所顾忌和担心，但是如果遭遇激烈的反抗，则会受到刺激，从而狗急跳墙，做出更疯狂的举动。所以当情况不妙时，千万不要逞强。

处在危险境地时，要机智地想办法拖延时间，争取找到脱身的机会。拖延时间的方法有很多，要根据当时的具体情况和自己的优势而定，如伪装呕吐、不断找话题说话、求饶或尝试说服等。总之，要分散歹徒的注意力，可以先表示妥协，做出言听计从的样子麻痹对方，使其放松警惕，伺机逃脱。

被歹徒盯上或逃跑时，为防止被尾随或被追，可以制造一些假象，如大声打电话假装朋友就在附近。

党的二十大报告指出："强化社会治安整体防控，推进扫黑除恶常态化，依法严惩群众反映强烈的各类违法犯罪活动。发展壮大群防群治力量，营造见义勇为社会氛围，建设人人有责、人人尽责、人人享有的社会治理共同体。"近年来，我国社会、校园治安体系的不断创新和完善，有效提升了广大学生的安全感。但是，不法分子侵害学生的案件仍时有发生。当遭到不法侵害时，学生们一定要懂得保护自己，并及时告知学校或报警。

普法小课堂

《中华人民共和国刑法》第二百四十六条规定："以暴力或者其他方法公然侮辱他人或者捏造事实诽谤他人，情节严重的，处三年以下有期徒刑、拘役、管制或者剥夺政治权利。

前款罪，告诉的才处理，但是严重危害社会秩序和国家利益的除外。

通过信息网络实施第一款规定的行为，被害人向人民法院告诉，但提供证据确有困难的，人民法院可以要求公安机关提供协助。"

安全互动抢答

（1）结合生活实际，谈谈防范暴力侵害应注意哪些事项。
（2）想一想：当在夜晚遇到抢劫时应如何应对？

第二节

避免打架斗殴

 案例引入——校园上演《古惑仔》

某日中午，山东滨州某学校学生李某琪、李某飞因琐事发生口角，分别组织同学到宿舍楼前小广场持械殴斗。事件发生后，校方工作人员第一时间上前制止，并立即报警，及时送5名受伤学生到医院诊疗。组织者李某琪、李某飞涉嫌犯罪被刑事拘留。

校园打架斗殴已经不是新鲜事了，由此造成的沉痛教训也非常多。有的学生因动手伤人被法律制裁，失去了继续学习的机会；有的学生被他人打伤，身心受到伤害，学业被迫中断。

俗话说，"冲动是魔鬼""忍一时风平浪静，退一步海阔天空"。青春如此美好，不要为冲动闪了青春的腰。多想想爱你的家人，要对他们负责，更要对自己负责！

第五章 人身安全 珍爱生命

安全要点漫画秀

一、如何防止突发性打架斗殴

突发性打架斗殴往往是由不能冷静对待某一小事、开玩笑过度或出言不逊等造成的，也有因嫉妒、猜疑或不宽容等造成的冲突。

防止突发性打架斗殴重在提高自身修养，学会做人处事。多数打架都不是由不可调和的矛盾造成的，双方之间没有深仇大恨，只不过是碍于面子、哥们儿义气等，所以放下面子、冷静处事、宽容大度很重要。

下面是防止突发性打架斗殴的一些建议。

① **共同遵守宿舍生活制度：** 学生宿舍由于人多事杂，再加上彼此性格、习惯等不同，在长期的相处中，难免会产生矛盾。为了友好地相处，大家应一起协商讨论，制订合理的作息制度、卫生清洁制度等，这样能有效地减少争执，避免矛盾的发生

扫一扫

了解寝室"潜规则"

② **多宽容，多理解：** 集体生活中，同学们要相互谅解，求同存异。生活中的磕磕碰碰在所难免，属于正常现象，应尽量做到宽宏大量，多体谅别人，严格要求自己

91

 **良好的语言沟通：** 在与同学沟通的过程中，切忌用命令的词语，如"一定""必须""应该"等，也尽量不要用"我"开头，而改用"我们"，这样更能拉近双方的距离，增加亲近感

 正确对待反抗情绪： 在遭遇激烈反应时，许多人会用吼的方式回敬对方，结果导致矛盾越来越大。如果努力克制自己的情绪，尊重和正视对方的情绪，相信对方会为他的失礼行为而后悔

安全小贴士

遇到问题时，要想办法解决分歧，而不是陷入无谓的争辩。此外，要讲文明、讲礼貌，如排队时不要加塞，在教室、图书馆不要抢座位、占座位等。如果不小心影响了其他同学，要主动赔礼道歉，求得对方的理解和原谅。无论出现什么情况都不要出言不逊，扩大事态，激化矛盾。

二、如何防止其他打架斗殴

 防止报复性打架斗殴：首先，不要主动去侵犯别人；其次，当受到别人侵犯时，要理性面对，通过合理途径解决问题。前人曾说过："与人说理，须使人心中点头。"让对方自己觉悟，从而领悟到同学之间的情谊

安全小贴士

如果对方是无意的侵犯，可以一笑置之；如果对方是有意的，则要想一下对方为什么会侵犯自己，并主动与对方交流，积极解决问题；如果自己解决不了，则可以通过学校或法律途径解决，切忌通过打架斗殴等恶劣的方式解决。

如果某个同学对他人产生了报复思想，也要积极地对他进行规劝，指出报复的后果。

 防止演变性打架斗殴：演变性打架斗殴一般有一个较长的发展过程。同学们长期生活在一起，不可避免地会产生一些摩擦和冲突。而有些伤人的话语容易久积成怨，引发斗殴。因此，同学之间有摩擦和冲突要及时交流、化解，不要积怨

③ **防止群体性打架斗殴：** 首先应当明辨是非，冷静对待，不参与此类纠纷；如果遇上别人打架斗殴，应迅速向学校有关领导或保卫部门报告，不要围观和起哄；当学校有关部门调查事情真相时，现场目击人员要勇于站出来提供线索和证据

扫一扫

防范打架斗殴的正确做法

普法小课堂

《中华人民共和国刑法》第二百三十二条规定："故意杀人的，处死刑、无期徒刑或者十年以上有期徒刑；情节较轻的，处三年以上十年以下有期徒刑。"

《中华人民共和国刑法》第二百三十四条规定："故意伤害他人身体的，处三年以下有期徒刑、拘役或者管制。犯前款罪，致人重伤的，处三年以上十年以下有期徒刑；致人死亡或者以特别残忍手段致人重伤造成严重残疾的，处十年以上有期徒刑、无期徒刑或者死刑。本法另有规定的，依照规定。"

《中华人民共和国刑法》第二百九十二条规定："聚众斗殴的，对首要分子和其他积极参加的，处三年以下有期徒刑、拘役或者管制；有下列情形之一的，对首要分子和其他积极参加的，处三年以上十年以下有期徒刑：

（一）多次聚众斗殴的；

（二）聚众斗殴人数多，规模大，社会影响恶劣的；

（三）在公共场所或者交通要道聚众斗殴，造成社会秩序严重混乱的；

（四）持械聚众斗殴的。

聚众斗殴，致人重伤、死亡的，依照本法第二百三十四条、第二百三十二条的规定定罪处罚。"

《中华人民共和国刑法》第二百九十三条规定："有下列寻衅滋事行为之一，破坏社会秩序的，处五年以下有期徒刑、拘役或者管制：

（一）随意殴打他人，情节恶劣的；

（二）追逐、拦截、辱骂、恐吓他人，情节恶劣的；

（三）强拿硬要或者任意损毁、占用公私财物，情节严重的；

（四）在公共场所起哄闹事，造成公共场所秩序严重混乱的。

纠集他人多次实施前款行为，严重破坏社会秩序的，处五年以上十年以下有期徒刑，可以并处罚金。"

安全互动抢答

（1）结合生活实际，谈谈如何防止突发性打架斗殴。

（2）想一想：当你在路上碰到朋友打群架时应怎么办？

第三节

防范性侵害

案例引入——被毁灭的花样年华

据报道，东莞某学校女生小淑（化名）被同校同学王某以玩耍的名义诱骗出去后，被杜某、袁某、闫某等多人控制。闫某强行将小淑押上一辆轿车，带至安阳一家洗浴中心。之后，轿车司机在洗浴中心门口给闫某一沓钱后，以汗蒸放松身心的名义把小淑带进洗浴中心将其强奸。

事发两天后，小淑的父亲发现女儿情绪反常，询问后获悉此事遂立即报警。

第五章　人身安全　珍爱生命

安全要点漫画秀

一、如何防范性侵害

① **加强防范意识**：在校内外的各种活动场所，要随时注意避免遭受性侵害，提高自我保护意识

安全小贴士

一般认为，只要是一方通过语言的或形体的有关性内容的侵犯或暗示，给另一方造成心理上的反感、压抑和恐慌的，都可构成性骚扰。而性侵害是指加害者以威胁、权力、暴力、金钱或甜言蜜语，胁迫或引诱他人与其发生性关系，并对受害人造成伤害的行为。性骚扰和性侵害是危害学生身心健康的主要问题之一。

② **注意言行举止**：在言行举止方面，同学们要懂得自尊自爱，不要与异性有过分亲密的行为，在需要喝酒、跳舞等的社交场合，不要有轻佻、挑逗性动作，以免引起误解

97

③ **关注所处环境**：晚上尽量不要外出，即使外出也要尽早返回，最好结伴而行；夜间行路时要选择行人较多、路灯较亮的道路行走，经过树林、建筑工地、废旧房屋、桥梁涵洞等人烟稀少之处尤其要小心；晚上睡觉前关好门窗，拉上窗帘

④ **谨慎交友**：在没有完全了解一个人时，不要轻信对方，不要轻易与其去陌生的地方；交往中一定要控制感情，不要有轻浮的表现，以免给人可乘之机；与新朋友在一起时，不要过量饮酒，更不要接受超过普通友谊的馈赠；若发现对方有过分亲昵、挑逗等举动时，要及时给予警告，或中断交往

⑤ **选择性地参加社会活动**：在校期间，会有很多兼职机会，如家教、促销员等，一定要谨慎对待。在参加这些社会活动前，一定要对对方的基本情况有所了解，不要贪图高报酬而贸然前往

第五章 人身安全 珍爱生命

安全小贴士

我们每个人都是自己身体的主人，谁都不能以任何理由或借口来伤害你，让你做你不愿意做的事情。我们也要尊重别人的身体，不拿别人的身体特征开玩笑，也不可以触碰别人的隐私部位。如果有人做出（或说出）让你觉得怪怪的、不舒服的行为（或言语），或者强迫你看不该看的东西，你都可以明确地拒绝他。

二、如何应对性侵害

① **保持冷静**：当遭遇性侵害时，要保持头脑清醒、情绪稳定，与其周旋，等待机会，伺机逃脱。如果被害人惊慌失措，大喊大叫，进行激烈的反抗，有时候反而会刺激歹徒，助长其攻击性

② **明确意愿，态度坚决**：有时性侵害行为是由于施暴者错误地理解了被害人的意愿而发生的。因此，遇到对方行为过分时，一定要果断表明拒绝态度，阻止性侵害的发生

3 **找准机会，正当防卫**：在遭遇不可避免的性侵害时，可对歹徒身体的薄弱部位进行攻击，如腹部、裆部等，使其身体产生伤痛而终止侵害行为，同时为逃脱创造机会。此外，平常可随身携带一些防身装备，如喷雾剂、强光手电筒等

4 **适当妥协，保留证据**：如果到了没有退路的危险境地，保住生命是第一位的。一定要尽量记住歹徒的特征，如身高、年龄、体态、相貌、口音、衣着等，同时保留好相关证据，为以后破案提供帮助

安全小贴士

夏季是强奸案的高发期，同学们一定要提高警惕。一旦被犯罪分子性侵害，就要寻求三种救助：一是生理救助，如在亲人的陪同下去医院取证、疗伤和进行性病检查（注意取证前不要洗澡）；二是法律救助，即报案；三是心理救助，如家庭关怀。

普法小课堂

《中华人民共和国民法典》第一千零一十条规定："违背他人意愿，以言语、文字、图像、肢体行为等方式对他人实施性骚扰的，受害人有权依法请求行为人承担民事责任。

第五章 人身安全 珍爱生命

机关、企业、学校等单位应当采取合理的预防、受理投诉、调查处置等措施，防止和制止利用职权、从属关系等实施性骚扰。"

《中华人民共和国刑法》第二百三十六条规定："以暴力、胁迫或者其他手段强奸妇女的，处三年以上十年以下有期徒刑。

奸淫不满十四周岁的幼女的，以强奸论，从重处罚。

强奸妇女、奸淫幼女，有下列情形之一的，处十年以上有期徒刑、无期徒刑或者死刑：

（一）强奸妇女、奸淫幼女情节恶劣的；
（二）强奸妇女、奸淫幼女多人的；
（三）在公共场所当众强奸妇女的；
（四）二人以上轮奸的；
（五）奸淫不满十周岁的幼女或者造成幼女伤害的；
（六）致使被害人重伤、死亡或者造成其他严重后果的。"

安全互动抢答

（1）要避免受到性侵害，平常在生活中需要注意什么？
（2）谈一谈性骚扰和性侵害的区别和联系。

第四节

远离色情，拒绝赌博，抵制毒品

案例引入——模仿色情电影引发的犯罪

张某某是南宁某学校的学生，有一天他在网上浏览信息时，无意间发现了一个色情网站，于是偷偷从该网站下载了几部色情电影观看。之后，张某某越看越上瘾，竟然萌发了模仿色情电影中情节的想法。很快他便盯上了同系的女同学小枣，没过多久就和小枣拉近了距离。

10月的一天，张某某约小枣到公园游玩，并带着小枣走向公园深处。在一个草丛茂密的地方，他突然露出了凶相，在小枣不愿意的情况下对她做出性侵犯行为。

之后，受害者小枣在母亲的陪同下到公安机关报案。张某某很快被抓获，等待他的是法律的严惩。青少年的性侵和暴力举动，许多都来源于对低俗电影的模仿。

第五章 人身安全 珍爱生命

安全要点漫画秀

一、色情有何危害

1. **影响学业**：色情文化被称为"精神海洛因"，学生沉迷于此将荒废学业

2. **损害学生的身心健康**：色情信息宣扬的是各种畸形的性行为，长期接收这些信息会对学生的身心健康产生破坏性的影响，造成学生的身体功能紊乱，心灵扭曲。一些自制力差、意志薄弱的学生甚至禁不住诱惑，铤而走险，走向性犯罪的深渊

3. **危及学生的人身安全甚至生命**：一些有组织的色情提供者会诱骗学生提供各种有偿性服务，对学生的人身安全甚至生命造成直接威胁。而一些犯罪分子则诱惑学生进行"网恋""网婚"，待时机成熟时约请见面，实施犯罪

二、如何远离色情

1. **正确认识对于色情的冲动**：多数人在青春期都会对色情产生强烈的冲动和好奇，这是人体的正常生理反应，不应回避或羞愧，应该正确学习相关知识，正面积极地与异性相处

2. **重视个人修养**：培养正确的人生观和是非观，以积极进取的态度要求自己

3. **培养健康的兴趣爱好**：培养健康的兴趣爱好，可以给青少年学生带来很多好处，如提高身体素质、释放压力等，还可以在兴趣爱好中获取智慧，从而抵制不良诱惑

第五章 人身安全 珍爱生命

普法小课堂

《中华人民共和国刑法》第三百六十四条规定:"传播淫秽的书刊、影片、音像、图片或者其他淫秽物品,情节严重的,处二年以下有期徒刑、拘役或者管制。

组织播放淫秽的电影、录像等音像制品的,处三年以下有期徒刑、拘役或者管制,并处罚金;情节严重的,处三年以上十年以下有期徒刑,并处罚金。

制作、复制淫秽的电影、录像等音像制品组织播放的,依照第二款的规定从重处罚。向不满十八周岁的未成年人传播淫秽物品的,从重处罚。"

《中华人民共和国刑法》第三百六十七条规定:"本法所称淫秽物品,是指具体描绘性行为或者露骨宣扬色情的诲淫性的书刊、影片、录像带、录音带、图片及其他淫秽物品。

有关人体生理、医学知识的科学著作不是淫秽物品。

包含有色情内容的有艺术价值的文学、艺术作品不视为淫秽物品。"

三、赌博有何危害

① **严重影响学业:** 参与赌博的学生,必然会分心,不能专心地学习,导致学习成绩下降,严重影响正常学业

扫一扫

了解"赌"的危害和如何预防"赌"

② **破坏同学关系,影响正常生活秩序:** 一旦参与赌博,赢了的不会满足,输了的总想"翻本",长此以往,势必会影响同学之间的关系。同时,赌博会影响周围同学的正常生活秩序,时间一长,必然会令其产生不满意、不信任的情绪

容易使人走上违法犯罪的道路：赌博是群体性的违法犯罪活动，据有关部门统计，学生因参与赌博而被学校开除学籍、留校察看之事时有发生，因赌博而走上违法犯罪道路的现象也屡见不鲜

四、如何远离赌博

 充分认识赌博的危害，自觉培养高尚的情操：例如，积极参加健康有益的文体活动，充实自己的业余生活

 防微杜渐，分清娱乐和赌博的界限：很多赌博成瘾的人都是从"赌饭""赌水果""赌夜宵""赌烟"等开始的，久而久之，胆子壮了，胃口也大了，逐步陷入赌博的泥潭

③ 思想上要警惕：不要因顾及朋友、同学的情面而参与赌博，遇到他人相邀，要设法推脱，决不参与

④ 及时阻止同学参与赌博：要从关心和爱护同学的角度出发，及时用正确的方式制止同学参与赌博，必要时要向老师和学校有关部门报告

五、毒品有何危害

目前，毒品已成为全世界的一大公害。《中华人民共和国禁毒法》第三条第一款规定："本法所称毒品，是指鸦片、海洛因、甲基苯丙胺（冰毒）、吗啡、大麻、可卡因，以及国家规定管制的其他能够使人形成瘾癖的麻醉药品和精神药品。"罂粟、安钠咖、摇头丸等也属于毒品。

毒品的危害有许多，下面列举说明。

警惕"毒品"的伪装

校园安全教育

1. **吸毒能够毁掉一个人的健康甚至生命**：毒品对人的身心健康危害很大，它极易成瘾，很难戒除。吸毒时间稍长就会导致人体各器官功能减退，免疫力丧失，生育能力遭到严重破坏

安全小贴士

吸毒会使人精神不振、思维迟钝、记忆力衰退，从而引起精神失常，甚至直接致命。吸毒人员的寿命一般为30~40岁。同时，人一旦吸毒成瘾，大多数就会道德沦丧，不顾廉耻，没有了人格尊严，最终被社会、家庭和亲朋唾弃。

2. **吸毒直接诱发违法犯罪**：吸毒者需要大量的源源不断的资金购买毒品，当资金不够时，吸毒者往往通过偷、抢、骗，甚至杀人劫财来获取资金。在监狱关押的犯罪分子中，有近30%的人与吸毒有关。因此，毒害不铲除，社会就不得安宁

扫一扫

花样年华，葬送于"毒"手

3. **吸毒是产生严重危害人类健康的传染性疾病的祸根：** 吸毒已经成为我国艾滋病传播的主要途径之一。如果不能有效地控制毒品蔓延，那么必将对人类的生命健康造成重大损害

六、如何远离毒品

1. **牢记别人的教训和忠告：** 一定要时刻牢记"一朝吸毒，终生难戒""一时不慎，痛悔一生""一失足成千古恨"等忠告

安全小贴士

一旦沾染毒品是很难真正戒断的，确实戒断了的只有极少数人。对毒品，一定要保持高度的警觉性，在这个关系个人一生前途命运的问题上，决不能有任何侥幸心理。青少年的好奇心很强，这是求知进取的表现，但是，对毒品这种严重摧残生理和心灵的东西，一定要拒绝和远离，决不要冒险去尝试。

 校园安全教育

② 面对诱惑要增强自控能力: 能够控制自己的人是生活的强者。一项调查表明,吸毒者中92%的人第一次吸毒都是被引诱的,其中80%以上的人初吸时都是被白送"请客"的,因此,我们一定要增强识别和自控能力,千万不要"自投毒网"

慎重交友: 我们交友一定要有原则,最好不要过多地结交社会上的朋友。青少年辨别是非的能力还有待锻炼和提高,稍有不慎就会结交到坏人,误入歧途。一旦与毒贩为友,那就很难逃脱厄运了。据调查统计,90%的吸毒者都是在他们结交的"朋友们"的引诱下沾染上毒品的 ③

④ 在困难和挫折面前要自强: 在困难和挫折面前,我们一定要增强自信心,勇于迎接挑战,决不能自暴自弃、一蹶不振,更不能走近毒品,到毒雾中去寻求一时的解脱,那无疑是自我毁灭。同时,有困难、有挫折时要及时对老师和朋友说出心里话,决不能自我封闭

普法小课堂

《中华人民共和国刑法》第三百四十七条规定:"走私、贩卖、运输、制造毒品,无论数量多少,都应当追究刑事责任,予以刑事处罚。

走私、贩卖、运输、制造毒品,有下列情形之一的,处十五年有期徒刑、无期徒刑或者死刑,并处没收财产:

(一)走私、贩卖、运输、制造鸦片一千克以上、海洛因或者甲基苯丙胺五十克以上或者其他毒品数量大的;

(二)走私、贩卖、运输、制造毒品集团的首要分子;

(三)武装掩护走私、贩卖、运输、制造毒品的;

(四)以暴力抗拒检查、拘留、逮捕,情节严重的;

(五)参与有组织的国际贩毒活动的。

走私、贩卖、运输、制造鸦片二百克以上不满一千克、海洛因或者甲基苯丙胺十克以上不满五十克或者其他毒品数量较大的,处七年以上有期徒刑,并处罚金。

走私、贩卖、运输、制造鸦片不满二百克、海洛因或者甲基苯丙胺不满十克或者其他少量毒品的,处三年以下有期徒刑、拘役或者管制,并处罚金;情节严重的,处三年以上七年以下有期徒刑,并处罚金。

单位犯第二款、第三款、第四款罪的,对单位判处罚金,并对其直接负责的主管人员和其他直接责任人员,依照各该款的规定处罚。

利用、教唆未成年人走私、贩卖、运输、制造毒品,或者向未成年人出售毒品的,从重处罚。

对多次走私、贩卖、运输、制造毒品,未经处理的,毒品数量累计计算。"

《中华人民共和国刑法》第三百五十三条规定:"引诱、教唆、欺骗他人吸食、注射毒品的,处三年以下有期徒刑、拘役或者管制,并处罚金;情节严重的,处三年以上七年以下有期徒刑,并处罚金。

强迫他人吸食、注射毒品的,处三年以上十年以下有期徒刑,并处罚金。

引诱、教唆、欺骗或者强迫未成年人吸食、注射毒品的,从重处罚。"

《中华人民共和国刑法》第三百五十四条规定:"容留他人吸食、注射毒品的,处三年以下有期徒刑、拘役或者管制,并处罚金。"

安全互动抢答

(1)结合生活实际,谈谈赌博的危害。

(2)结合生活实际,谈谈毒品的危害。

 校园安全教育

 安全小作业——换位思考，与人为善

 典型案例

一个盲人到亲戚家做客，天黑后他要回家时，亲戚好心地为他点了个灯笼，说："天晚了，路上黑，你打个灯笼回家吧！"盲人立即火冒三丈地说："你明明知道我看不见，还要我打个灯笼照路，是在嘲笑我吗？"他的亲戚赶忙解释说："你在路上走，许多人也在路上走，如果你打着灯笼，别人就可以看到你，也就不会撞到你了。"

 案例分析

人们往往习惯从自己的角度思考问题。立场不同、处境不同的人，是很难理解对方的感受的。在日常的生活中，人们也常常由于不能理解他人的感受和想法而产生误会，甚至造成冲突。因此，我们应学会换位思考，以一颗满含宽容与善意的心去理解、关心他人。

没有人是一座孤岛，人类在社会中生活，而社会本身就是一个利益共同体。"换位思考、与人为善"是人类社会得以存在和发展的重要法则之一。

 我手写我心

回忆一下，你在成长的过程中得到过哪些理解和善意，又给予过他人哪些理解和善意，并完成下面的卡片。

我得到过的理解和善意	我给予过的理解和善意	思想感悟

第六章

心理安全　快乐人生

第一节

排查心理问题

案例引入——阳光少年为何自残

某日，14岁的小君自残被老师发现，随即被送到医院诊疗。小君满脸愁容地坐在医生对面，还没说几句话，就开始止不住地流泪。他的左小臂上，一排细密的刀疤清晰可见。最后医生诊断小君患有中度抑郁症。

据了解，小君曾是典型的"别人家的孩子"，就读于市重点中学，从小听话懂事，学习成绩优异。可自从他六年级时爸妈离婚，一切都变了。小君开始厌学，慢慢地对什么都提不起兴趣，不想跟任何人交流，脾气也变得暴躁，很容易对身边的人发怒。他哭诉说："我实在是太痛苦了，只有用自残的方法才能让我从那种痛苦中暂时解脱出来！"

有数据显示，我国抑郁症患者数量呈上升趋势，且年龄越来越小。每年接受精神心理疾病治疗的人群中，青少年约占四分之一。

第六章　心理安全　快乐人生

安全要点漫画秀

一、常见心理问题

下面介绍几种常见的心理疾病。

扫一扫
抑郁症的主要表现及正确治疗

① **抑郁症**：抑郁症是一种以抑郁情绪为突出症状的心理疾病，表现出忧郁和厌世的心理特征，患者有凄凉感、自卑感、持续疲劳感，常唉声叹气，对人和事物失去兴趣。抑郁症严重时，人会有强烈的厌世感，甚至有自杀的念头

安全小贴士

重度抑郁症通常需要进行抗抑郁药物治疗，同时需要配合心理治疗。轻、中度抑郁症通过单纯的心理治疗就可以恢复。心理治疗能够帮助患者分析问题的来源，教会他们如何去应对生活中各种诱发抑郁症的事件，以及如何通过自己的行动提高生活满意度。

② **强迫症**：强迫症是一种以强迫症状为核心的心理疾病。患者常有无法自我克制的、重复出现的某种思维和行为，深陷其中而又无法自拔。因此，患者感到非常痛苦和不安

扫一扫
你能分清强迫症状和强迫症吗？

安全小贴士

　　强迫症的临床表现多种多样，一般分为强迫思维和强迫行为。强迫思维是指头脑中反复出现的、不需要的或闯入性的想法、怀疑、表象或冲动，如强迫回忆、强迫联想、强迫疑虑等；强迫行为则是指患者为了减轻由强迫思维所引起的焦虑，不由自主地采取的各种相应的行为，如强迫计数、强迫检查、强迫洗手等。

③ **焦虑症**：焦虑症的患者具有持久性焦虑、担心、恐惧、紧张、易怒等情绪，常伴有运动性不安和躯体不适感

扫一扫

什么是焦虑症？

 安全小贴士

　　焦虑症有急性焦虑症和慢性焦虑症之分。急性焦虑症的临床表现为患者在某一急性精神创伤后突然发病，莫名其妙地惊恐、心慌、出汗、面色苍白、两手发抖等。急性焦虑症的发作可以持续几分钟或几小时。慢性焦虑症的临床表现为心悸、烦躁、忧郁等。这种患者易紧张，稍有刺激声和麻烦事就不能忍受，甚至大发脾气，事后能有清醒的认知并有后悔感。

　　焦虑症患者通常具有自信心不足、胆小怕事、谨小慎微等人格特征。

二、如何排查心理问题

为了帮助大学生更好地应对心理健康问题，下面将详细介绍一些常见心理问题的排查方法。

1. **进行自我观察**：可以通过观察自己的情绪变化、睡眠质量、身体状况来排查。例如，观察自己是否经常感到抑郁、焦虑、疲倦或脾气暴躁；是否经常难以入睡、多梦或频繁醒来；是否经常感到头疼等

2. **进行自我心理评估**：可以进行一些心理测试，如心理健康自我检测、抑郁自评、焦虑自评等，以评估自己的心理健康状况

扫一扫

心理测试

3. **向心理辅导老师寻求帮助，或到专业的心理咨询机构进行心理咨询**：心理辅导老师和心理咨询师能为求助者提供专业的咨询服务，和求助者一起探寻心理问题的产生原因，寻找消除心理问题的办法，进而帮助求助者调整心理状态、维护心理健康、优化心理品质，从而促使求助者健康成长

心理咨询

 普法小课堂

《中华人民共和国精神卫生法》第五条规定:"全社会应当尊重、理解、关爱精神障碍患者。

任何组织或者个人不得歧视、侮辱、虐待精神障碍患者,不得非法限制精神障碍患者的人身自由。

新闻报道和文学艺术作品等不得含有歧视、侮辱精神障碍患者的内容。"

 安全互动抢答

(1)抑郁症有哪些症状?

(2)焦虑症有哪些症状?

第二节

排解心理问题

案例引入——从抑郁症中恢复的珍珍

珍珍是河北某学校的一名女生,她本是一个美丽热情的女孩,但就是这样一个充满活力的女孩竟差点走上轻生的道路。

珍珍从小在优越的环境中长大,学习成绩一直很好,从小就有一种"众星捧月""小公主"的感觉。但在某次期中考试,她却只排在班上第30名。长这么大,珍珍第一次受到如此"沉重"的打击,随后便陷入了自我否定的泥潭。她的情绪往往会因为一件很小的事情而大起大落,反复无常,常与同学争执,又很少忍让,人际关系也开始出现危机。严重时,她甚至对每个同学都充满了敌意,最终成为同学们眼中的"另类"。

之后一年时间,精神萎靡、缺乏热情、自我否定等表现在珍珍生活的各个方面。加之爸爸妈妈离婚了,珍珍越想越委屈,便服用了大量安眠药,所幸被同学及时发现。

珍珍的爸爸妈妈意识到了事情的严重性,把珍珍带到医院进行了全面的检查,结果是她身体没有什么问题,但被心理医生确诊为抑郁症。

为了帮助珍珍,心理医生给她开了药,之后又制订了多项心理治疗方案,并和珍珍保持沟通。通过大家近一年的共同努力,珍珍的病情终于渐渐好转,以前的问题也改掉了不少,而且也喜欢和别人沟通了。在老师和同学们的眼中,珍珍又变回了那个可爱的女孩,学习成绩也渐渐好了起来。

校园安全教育

安全要点漫画秀

一、如何培养健康的心理

青少年的心理健康问题一直是困扰学校、家庭和社会的大问题，要有针对性地解决这一问题，不仅需要外界各种力量的关注与干预，更重要的是同学们要主动地培养自己的健康心理。那么，该如何培养健康的心理呢？

① **正视心理问题**：心理问题是很常见的，也是不容回避的。同学们应该正确认识心理问题，必要时及时咨询或求助心理医生

如何预防及应对心理问题？

② **了解自我，悦纳自我**：要体会到自己的价值，即对自己的能力、性格、情绪和优缺点做出恰当、客观的评价，不要对自己提出苛刻的、非分的期望与要求；生活目标和理想也要切合实际；同时，即使面对自己无法补救的缺陷，也能坦然接受

第六章 心理安全 快乐人生

 接受他人，善与他人相处：要乐于与他人交往，不仅能接受自我，也能接受他人，悦纳他人，认可别人的重要作用。尤其是在与异性交往的过程中，要树立正确的观念，正确处理友情和爱情的关系，建立纯洁的异性友谊与和谐的恋爱关系

安全小贴士

划清友情和爱情的界限

友情和爱情都是人类珍贵的情感，但它们在很多方面都存在明显的差异。以下是一些划分友情与爱情界限的关键因素。

（1）感情深浅：友情通常基于互相尊重和信任，而爱情则包含了更深的情感纽带，如浪漫、亲密和承诺。

（2）范围与排他性：友情的范围通常较广，可以包括多个朋友，而爱情则具有强烈的排他性，通常只限于一对伴侣之间。

（3）互动方式：友情和爱情在互动方式上有所不同。朋友之间的交流可能更侧重于共同兴趣和活动，而情侣之间的交流则更多涉及情感、内心世界和未来计划。

（4）对待关系态度：友情通常不会过分依赖或期望，而爱情则包含了更高的期望和依赖。

（5）身体接触：友情和爱情在身体接触方面也有所不同。朋友间的身体接触通常是有限的，而情侣间的身体接触则更为亲密和频繁。

请注意，这只是一般情况下的区分方式，个体的感受可能因人而异。

 热爱生活，乐于学习：要积极投身于生活之中，在生活中尽情享受人生的乐趣。在学习中，要学会调适学习压力，尽可能发挥自己的个性和聪明才智，并从成果中获得满足和激励

安全小贴士

对于大学生来说,学习压力是不可避免的,但适度的学习压力有助于提高学习效率,因此大学生需要学会放松自己,及时调适学习压力。以下是几种常见的调适方法。

(1)坦然对待得失,克服"唯分数"等功利倾向。

(2)培养对知识的真正兴趣,真正享受知识带来的乐趣和满足感。

(3)探索适合自己的学习方法。大学生应该结合自身及所学专业的特点,找到一种适合自己的有效的学习方法,以提高学习效率。

(4)深入品味成功,坚定内心自信。大学生应该深入品味每一次成功的经历,珍惜周围环境中的肯定评价,认识到自己取得的成绩和每一次出色的表现,从中获得内心的满足和自信。通过这种方式,大学生可以维持自信心,并为未来的挑战做好准备。

(5)主动与老师、同学进行交流。

 能协调与控制情绪,保持良好心境:心理健康的人总是具有乐观、愉快、开朗、满意等积极情绪,争取在社会规范允许的范围内满足自己的各种需求;同时,对于自己得到的一切要抱有感恩的态度

 人格和谐完整:人格结构包括气质、能力、性格、理想、信念、动机、兴趣、人生观等。人格需要在人的精神面貌中完整、协调、和谐地表现出来,这样才不会对外界刺激有偏激的情绪和行为反应

⑦ 能够面对并接受现实：哪怕处于逆境，也要能够主动地适应现实，之后才能改造它，而不是一味地逃避现实。既要有高于现实的理想，又不能沉湎于不切实际的幻想。要对自己的能力有充分的信心

⑧ 建立良好的家庭关系：良好的家庭关系对学生的心理健康有着至关重要的影响，通过积极沟通、相互理解与尊重、共享快乐与困难等，可以创建一个温馨、和睦的家庭环境，有助于促进学生的身心健康，增强学生的自信和自尊心，建立积极的人际关系

安全小贴士

大学生如何协调与父母的关系？

大学生是过渡期的群体，他们离开家庭，来到一个全新的环境，开始独立生活。然而，家庭是大学生永远的后盾，因此建立和维护与父母的良好关系对于大学生来说至关重要。那么，大学生应该如何更好地协调与父母的关系呢？

（1）与父母保持定期联系。平时多和父母聊聊天、说说话，主动分享自己的日常和心情，听父母诉说最近发生的故事。

（2）学会换位思考，减少矛盾冲突。当与家庭成员发生冲突时，要站在对方的立场上思考问题，倾听对方的心声，理解对方的感受。

(3) 积极沟通，表达需求。积极沟通有助于双方消除一些不必要的误会，建立更深层的关系。此外，也要在接受和理解父母良苦用心的基础上坦诚表达自己的需求。

　　(4) 正视差异，相互尊重。我们应该正视因生活习惯、兴趣爱好、价值观的不同而与父母形成的差异，与父母相互理解与尊重，认识到不同的思维方式是时代环境所赋予的。

二、遇到心理问题如何排解

1. **宣泄法**：如果想哭了，那就大声地哭，这样可以将很多负面情绪宣泄出来。此外，还可以将内心的不良情绪倾诉于别人，或者写在日记中

2. **转移法**：改变消极观念，把不愉快的活动转向愉快的活动。例如，和同学出去逛街、看电影等

3. **任务分级法**：任务分级法是把目标或活动分解成小目标或更小的行为定式，其目的是使任务简单化，以便轻松完成，从而获得成功的喜悦

第六章 心理安全 快乐人生

 安全小贴士

可以小时为单位制订日常活动表，写下每天的活动计划，如刷牙、洗衣服、读书、吃东西、听音乐等。每天结束时，也许做过的事情与计划不太相符，但无论如何，也要把完成的事记下来。日常活动表看似简单，但是可以使人在精神上得到解脱，不再踌躇不决。即使只完成了计划的一部分，也可以带给人某种满足感，消除部分沮丧情绪。

④ **改变自我陈述**：用积极的自我陈述取代消极的自我陈述。例如，大声对自己说"我是有用的""我可以试着去做那件事"，取代"我没用""我做不了那件事"等。长此以往，可以使人增加自信心，更有勇气来面对生活中的挫折，而不是一味地逃避

⑤ **充实日常生活**：大量研究表明，适当的体育锻炼可以调节人的心境，提高愉悦性，降低愤怒性和抑郁性。另外，平时多听听音乐，或者徜徉在大自然的怀抱中。这些方式都能缓解心理问题

及时就医：发现或怀疑自己有心理问题时，应该及时咨询心理医生，尽早发现问题并设法解决问题

 普法小课堂

《中华人民共和国精神卫生法》第十六条规定："各级各类学校应当对学生进行精神卫生知识教育；配备或者聘请心理健康教育教师、辅导人员，并可以设立心理健康辅导室，对学生进行心理健康教育。学前教育机构应当对幼儿开展符合其特点的心理健康教育。

发生自然灾害、意外伤害、公共安全事件等可能影响学生心理健康的事件，学校应当及时组织专业人员对学生进行心理援助。

教师应当学习和了解相关的精神卫生知识，关注学生心理健康状况，正确引导、激励学生。地方各级人民政府教育行政部门和学校应当重视教师心理健康。

学校和教师应当与学生父母或者其他监护人、近亲属沟通学生心理健康情况。"

 安全互动抢答

（1）如何培养健康的心理？

（2）当遇到不愉快的事情时应怎么办？

安全小作业——即使困厄，也要热爱生活

 典型案例

在中国的历史上，有一位文学家、书画家。他与欧阳修并称欧苏，与黄庭坚并称苏黄，与辛弃疾并称苏辛；其书法名列北宋四大书法家之首，其绘画开创了湖州画派。他就是苏轼，苏东坡。

然而生活并没有因为他的才华而温柔以待。纵观苏轼的一生，他是不幸的：20岁时进京赶考，遇到了主考官欧阳修，欧阳修阴错阳差地将本属于苏轼的第一名给了曾巩；29岁时妻子王弗去世，"十年生死两茫茫，不思量，自难忘……"，一首《江城子·乙卯正月二十日夜记梦》，句句缠绵，字字血泪；44岁时因"乌台诗案"被捕入狱，而后于漫天风雪中离开京城，踏上被贬往黄州的漫漫长路；49岁时赴汝州任职，路费用尽，最小的儿子因无钱治病而亡……

但即使困厄，苏轼也在乐观地生活。他用豁达开朗的心态对待生活的困厄，用超然的内心表达外物不足萦怀的人生哲理。他把失意变成诗意，把一切不美好的东西变成赏心悦目的样子。他将挫折揉碎，化成"一蓑烟雨任平生"的豁达，化成"但愿人长久，千里共婵娟"的浪漫，化成"此心安处是吾乡"的淡然，化成"诗酒趁年华"的洒脱，化成"也无风雨也无晴"的平静……

 案例分析

平凡的我们，也许不会像苏轼一般经历人生的大起大落，却依然有着各自的精神炼狱。名利的束缚、爱恨的执着、理想与现实的矛盾……都会让我们对人生产生困惑。其实，人生不如意十之八九，与其唉声叹气，指责抱怨，不如从容前行。一扇门关上不是问题，我们要做的是用乐观豁达的心态看待问题，将痛苦化作对心性的磨砺，淡然从容地打开另一扇门。

罗曼·罗兰说过："世界上只有一种真正的英雄主义，那就是在认清生活的真相之后依然热爱生活。"其实苏轼就是这样的英雄。他用艰苦而诗意的生活实践告诉我们，一个人在困境中依然要认真地对待生活，热爱生活。只有如此，才不辜负人生。

 校园安全教育

我手写我心

请同学们根据自己对乐观的理解和内心的想法,填写下面的卡片。

 我是个乐观的人吗?

 我认识的最乐观的人

 思想感悟

第七章

安全出行　平安回家

第一节

交通安全

案例引入——罪恶的"黑车"司机

某日,济南市警方接到一名北京学生打来的报警电话。报警人称其女同学金某在济南因乘坐"黑车"被人绑架,请求警方帮助。

据报警人张某称,当天早晨他收到一条陌生号码发来的短信,短信中其同学金某称自己被人绑架了。具体位置金某说不清楚,只知道大概是在济南市一个叫"龙庄"的地方,金某是趁绑架自己的男子不注意时使用其手机发出的求救信息。

2小时后,民警发现并控制住了犯罪嫌疑人代某,同时立刻将受害人金某送往医院。

经审讯,犯罪嫌疑人交代:10月21日晚7时许,他在济南站转悠时,看见刚下火车的受害人金某,随即与其搭讪。得知金某要去济南西站转车后,他立即表示可送金某去,并与金某谈妥车费。之后他发现金某是一个人出门,便将受害人带至自己在双龙庄的住处,对其实施了捆绑、堵嘴、殴打、强奸。

事后,相关专家呼吁:"我们在出行过程中一定要有警觉意识,尤其是年轻学生。"

第七章 安全出行 平安回家

安全要点漫画秀

一、行路时有何注意事项

学生在马路上步行或骑车时，应注意以下事项。

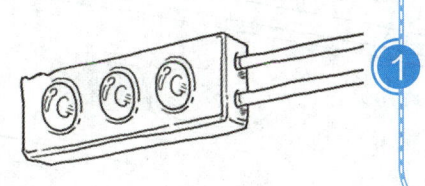

1. 遵守交通规则。例如，骑车或步行时应当遵守交通信号灯规则；横穿马路时应当走人行横道、过街天桥或地下通道；不要在机动车专用道行走，步行时应走人行道，骑车时应走自行车专用道

2. 骑车或步行时要注意尽量远离、避让机动车，靠边行进，以免与机动车发生剐蹭

扫一扫

行路安全注意事项

3. 不要在道路上嬉戏、追逐、打闹。例如，不要在道路上踢球、滑旱冰、玩滑板等；不得跨越、倚坐道路隔离设施；不得扒车、强行拦车等

不要在路上玩滑板！

校园安全教育

④ 雨天出行尽量远离路边的高大树木或变压器、高压线路等；夜间出行尽量选择有路灯的道路行走，最好携带照明用具，注意观察路边有无无盖窨井

⑤ 在交通事故发生后，应立即拨打122报警，如果有人员伤势严重，还应赶快拨打120求助。在医护人员到来之前，应采取初步的急救措施，如止血、包扎等

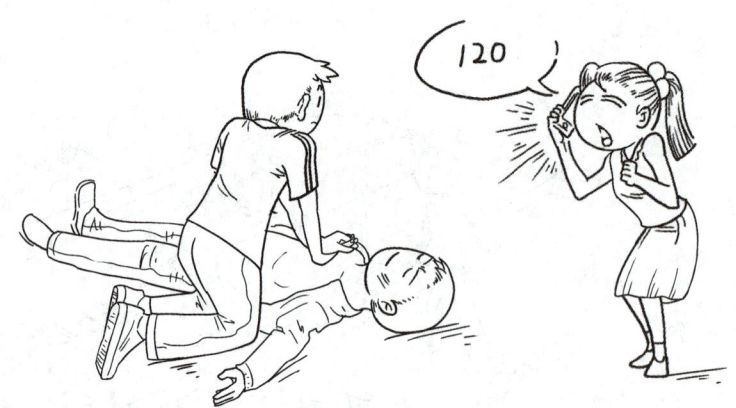

⑥ 如果机动车肇事者逃逸，需要及时记下肇事车辆的车牌号、车型、颜色及逃逸的方向，并迅速报警，请求警方协助追查肇事车辆

二、乘坐出租车时有何注意事项

1. 不要乘坐无车辆营运证的"黑车",以防被抢、被性侵,甚至被杀害

2. 下车时按计价器显示金额付费并索要发票,以便在物品遗忘在出租车上时可联系车主

3. 下车开车门时注意避让来往行人和车辆

三、乘坐公共交通工具时有何注意事项

  乘坐公共汽车或地铁等公共交通工具时，须在站台或指定地点等候，不可在站台下或安全线外候车，待车停稳后排队上车，先下后上；当人多拥挤时，要注意保管好自己的财物

  乘坐公共交通工具时不得携带易燃易爆等危险物品

 普法小课堂

《中华人民共和国道路交通安全法实施条例》第七十四条规定："行人不得有下列行为：

（一）在道路上使用滑板、旱冰鞋等滑行工具；

（二）在车行道内坐卧、停留、嬉闹；

（三）追车、抛物击车等妨碍道路交通安全的行为。"

《中华人民共和国道路交通安全法实施条例》第七十七条规定："乘坐机动车应当遵守下列规定：

（一）不得在机动车道上拦乘机动车；

(二)在机动车道上不得从机动车左侧上下车；
(三)开关车门不得妨碍其他车辆和行人通行；
(四)机动车行驶中，不得干扰驾驶，不得将身体任何部分伸出车外，不得跳车；
(五)乘坐两轮摩托车应当正向骑坐。"

《中华人民共和国道路交通安全法》第八十九条规定："行人、乘车人、非机动车驾驶人违反道路交通安全法律、法规关于道路通行规定的，处警告或者五元以上五十元以下罚款；非机动车驾驶人拒绝接受罚款处罚的，可以扣留其非机动车。"

 安全互动抢答

（1）行路时应注意什么？
（2）乘坐公共汽车或地铁时应注意什么？
（3）乘坐"黑车"有哪些危害？

第二节

旅游与住宿安全

案例引入——无奈的退房

李明放暑假时和同学一起到北京旅游。下火车后,他们在火车站附近找了一家宾馆准备住宿。办完入住手续进房间后,他们发现房间又小又旧,床上的被子乱作一团,地上扔着烟头,垃圾桶中的泡面盒散发着阵阵恶臭。二人马上要求退房,但前台服务员不仅不退,还蛮不讲理、口出脏话。因为人生地不熟,二人只能自认倒霉。

遇到此等黑心宾馆真让人心寒。黑心宾馆存在于各部门监管的盲区,乱象丛生,安全隐患极多,因此同学们在外住宿时要多加小心。

安全要点漫画秀

一、在宾馆住宿时有何注意事项

1. 在出行前，可到一些旅行网站查看目的地的宾馆分布情况和价格，询问其配套设施和房间的情况，必要时可提前预订

2. 不要轻易相信火车站或长途汽车站附近的拉客者，尽量不要选择火车站、长途汽车站、大型商品批发市场附近的宾馆，这些地方客源复杂、安全隐患较多

3. 入住时应出示身份证，办好手续后需要收好押金单据、寄存单、房卡或房门钥匙等。另外，应熟悉宾馆的安全门、安全出口、安全楼梯的位置，以便在遇到危险时尽快脱险

④ 进入房间后，首先要查看房间的门窗能否正常关闭，链锁、插销是否有损坏，若有损坏，应更换房间；入住后，可将所住宾馆的名称和位置告知家人和朋友；睡觉前应锁好房门，挂上锁链或插上插销

⑤ 外出时应关好门窗，带好房卡或房门钥匙，贵重物品也应随身携带而不要留在房间里；将宾馆的联系卡片带在身上，以防迷路。若发生物品被盗，应立即通知宾馆或报警

旅游住宿的注意事项

⑥ 若误投黑心宾馆被宰，应注意不要与其发生正面冲突，以免给自己造成人身伤害。收集好相关证据，离开后向旅游管理部门或工商管理部门投诉或报警

二、在旅游景点有何注意事项

1. 如果是跟团旅游，要选择正规的旅行社。旅游期间要听从导游的安排，最好不要单独行动。此外，牢记导游及同行人员的手机号码，同时，也将自己的手机号码留给导游，以备不时之需

2. 注意自身及财物的安全。不要在陌生人面前露富，不要谈及自己的具体信息

普法小课堂

《中华人民共和国旅游法》第八十二条规定："旅游者在人身、财产安全遇有危险时，有权请求旅游经营者、当地政府和相关机构进行及时救助。

中国出境旅游者在境外陷于困境时，有权请求我国驻当地机构在其职责范围内给予协助和保护。

旅游者接受相关组织或者机构的救助后，应当支付应由个人承担的费用。"

《中华人民共和国民法典》第一千一百九十八条规定："宾馆、商场、银行、车站、机场、体育场馆、娱乐场所等经营场所、公共场所的经营者、管理者或者群众性活动的组织者，未尽到安全保障义务，造成他人损害的，应当承担侵权责任。"

安全互动抢答

（1）你在旅游前一般会做哪些准备工作？
（2）遇到黑心宾馆时应如何解决问题？

第三节

户外运动安全

案例引入——户外运动成了冒险

某日，阳宗海公安分局指挥中心接到一群众报警称：自己和另外 6 名同学从汤池镇木希村攀爬老爷山时迷路被困，请求民警救援。

接警后，阳宗海公安分局第一时间开展救援工作。出警民警与被困学生通过电话取得联系，了解到 7 名学生由于对山路不熟，加上突遇暴雨，山中起雾便迷失了方向，被困于山中。民警通过手机定位大致确认了 7 名学生的位置范围，同时叮嘱他们待在原地等待救援，但在到达定位位置时却发现被困学生不在该地点。原来，他们因为害怕，饥寒交迫，精神极度紧张，移动了位置，错失了这次获救机会。

当时，地面湿滑，行走十分艰难，刚下完大雨的山林间雾气又大，让救援变得异常困难。经过又一次沟通，根据被困学生第二次发送的位置信息，搜救小组兵分多路，立即向定位位置搜救，同时大声呼喊。经过近 4 个小时的搜寻，搜救小组最终在老爷山北麓官渡区大板桥街道小寨村山中发现了 7 名被困学生。此时他们已经全身湿透冻僵，筋疲力尽，看到救援人员赶来激动不已，连连道谢。

第七章 安全出行 平安回家

安全要点漫画秀

一、户外运动时有何注意事项

1. 要时刻有危险意识。要认真对待户外运动，切忌过于随意或异想天开

2. 要具备基本的、必要的求生技能，如学会使用地图等定位工具

3. 选择安全、专业的户外装备，同时要选择适合自己的户外运动场地。如果不是专业的"驴友"，不要轻易尝试高山、悬崖等户外运动场地

要有活动预案，具备完善的后勤保障和联络系统，还应携带活动中可能需要的应急设备和药品

二、迷路了怎么办

当我们在陌生的野外游玩时，很可能会迷路，这时不要着急，冷静下来，先辨别大致方向，再慢慢找路。

 问路：野外迷路之后最好能找到有人的地方问路。如果周围没有人，再选择其他办法

 寻找正确的方向：迷路之后最怕往反方向走，这时可先辨别大致方向，往正确的方向前进。可以根据太阳的方位或使用指南针辨别方向

第七章 安全出行 平安回家

安全小贴士

利用太阳分辨方向

日出、日落（东升西落）和中午的太阳可以帮助我们辨别大致的方向，也可以通过观察影子来获取方向信息。将一根标杆（直杆）插在地上，使其与地面垂直，把一块石子放在标杆影子的顶点 A 处。10分钟（或以上）后，标杆影子的顶点移动到 B 处时再放一块石子，将 A、B 两点连成一条直线，这条直线的指向就是东西方向，其中 A 点方向为西，B 点方向为东，如上图所示。

依上述方法测定方向时，标杆越高、越细、越垂直于地面，影子移动的距离越长，测出的方向就越准，尤以中午时测量结果最准。

③ **返回原处：** 如果能记起最后一个自己到过的地方，则可以返回原处。不要怕浪费时间，不返回反而可能会浪费更多的时间

④ **打电话向警察求助：** 如果天色很晚还没找到正确的路，则需要赶紧打110求助

110吗？我们需要帮助。

143

5 **找个安全的地方露宿**：如果天色很晚，又没有人来救援，最好赶紧找个安全的地方露宿。要找蚊虫少、不易被野外动物袭击的地方

三、如何使用求救信号

1 **烟火信号**：烟火作为联络和定位的信号是非常有效的。燃放三堆烟火是国际通用的求救信号，其中将火堆摆成三角形，每堆之间的间隔相等最为有效。如果烟雾只在近地表飘动，则可以加大火势，这样暖气流上升势头更猛，会携带烟雾到一定的高度

2 **反光信号**：利用阳光和一个反射镜即可折射出信号光

第七章　安全出行　平安回家

③ **旗语信号**：将一面旗帜或一块色彩鲜艳的布料系在木棒上，做"8"字形运动

④ **地对空信号**：地对空信号一般用于等待飞机救援，即用身边现有的材料组成国际通用紧急求救信号 SOS。信号材料应与周围颜色有区别，且尺寸要大

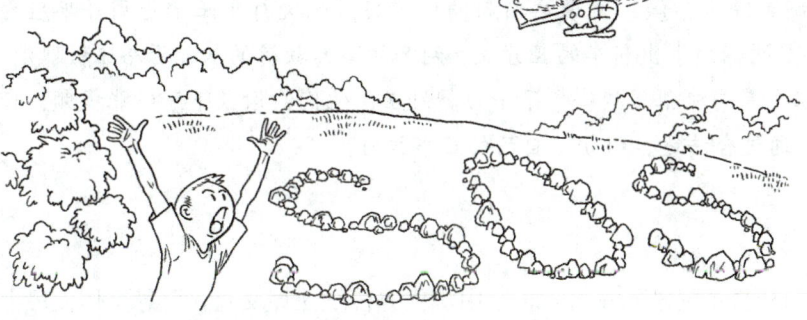

 安全小贴士

　　为贯彻落实《中共中央办公厅国务院办公厅关于构建更高水平的全民健身公共服务体系的意见》，深入实施《户外运动产业发展规划（2022—2025年）》，国家发展改革委等部门印发《促进户外运动设施建设与服务提升行动方案（2023—2025年）》，鼓励学校开展具有育人价值且适合青少年年龄、身体素质、兴趣爱好的户外运动项目教育教学，鼓励和支持大中小学在校生寒暑假充分利用户外运动设施开展研学活动；加强人才培养，普及户外运动健身指导，推动户外运动安全宣讲及技能推广活动常态化。

 安全互动抢答

（1）你参加过户外运动吗？户外运动的注意事项有哪些？
（2）参加户外运动时迷路了怎么办？

安全小作业——拿起法律武器

 典型案例

某日，小刘和其他5名同学从广州去哈尔滨旅游。傍晚，他们从哈尔滨机场打了两辆出租车前往市区。到达目的地后，一辆出租车司机告知他们没有打表，另一辆出租车打表显示550元。两位司机要求他们分别支付550元。

在司机的要求下，小刘的朋友共支付了1 100元。而打车软件显示，该段路程为37千米，估价不超过131元。于是，小刘的朋友拨打当地市民热线对此事进行了举报，小刘也在微博发帖询问此事应如何处理。

第二天，哈尔滨市委宣传部针对此事进行了通报，称网传相关信息引起哈尔滨市高度重视。哈尔滨市旅游部门致电并向6名大学生在哈尔滨乘坐出租车的遭遇表示由衷的歉意，并立即启动哈尔滨旅游诚信基金先行赔付机制。经哈尔滨市交通运输局调查核实，此次打车正常费用每单应为101～131元。根据相关法律规定，两辆涉事出租车的经营权和两名涉事驾驶员的从业资格证被取消。

显然，小刘一行被当地出租车黑司机狠狠"宰"了一刀。好在，他们偷偷录下了结账视频，留存了证据，并最终用法律武器，通过合法途径维护了自己的正当权益。

 案例分析

党的二十大报告指出，"弘扬社会主义法治精神，传承中华优秀传统法律文化，引导全体人民做社会主义法治的忠实崇尚者、自觉遵守者、坚定捍卫者"。法治兴则国兴，法治强则国强。近年来，我国的社会主义民主法治机制逐渐健全，社会公平正义进一步彰显，行政体系更加完善，行政效率和公信力显著提升，社会治理特别是基层治理水平明显提高。从严惩虚假诉讼到重拳整治网络电信诈骗，从惩治"饭圈"乱象到"打伞破网"扫黑除恶常态化，从政法队伍教育整顿到建设更高水平的平安中国……法治的力量让人民群众的获得感、幸福感、安全感不断增强。

大学生作为国家的未来和民族的希望，其法律意识的高低对国家的法治建设工作起着至关重要的作用。然而，由于教育方式、法治宣传及大学生自身素质等因素的影响，目前大学生的法律意识还不够。当其合法权益受到侵害时，很多大学生不能从法律的角度采取正确的处理方法，而往往选择息事宁人、忍气吞声，或者采用暴力方式解决，这些都是法律意识淡薄的表现。

法律意识是一种人们对法律的认识和法律信仰，是全面推进科学立法、严格执法、公正司法、全面守法，坚持法律面前人人平等的基础。作为大学生，我们要加强自身的法律意识，相信法律的力量，学法尊法，守法用法，在关键时刻运用法律武器维护自己的正当权益。

我手写我心

请同学们根据自己对法律的认识和自身的经历，填写下面的卡片。

我知道的法律

我受到过的不公正待遇

思想感悟

第八章

自然灾害 沉着应对

第一节

应对气象灾害

 案例引入——广东多地区遭遇气象灾害

广东气象部门监测显示，6月13日05时至6月14日05时，广东大部分地区均出现降水，其中沿江地区有大到暴雨，局部大暴雨，并伴有短时强降水和雷暴大风等强对流天气。广州、东莞、佛山等7个市的104个乡镇（街道）出现8级以上大风，其中7个乡镇（街道）出现10级以上大风。广东气象部门发布暴雨预警，提醒民众注意安全。

气象局相关专家认为，目前，全国上下高度重视防灾减灾工作，把防灾减灾作为实现国民经济社会可持续发展总体目标的重要保障，并在增强公众防灾减灾意识方面，已经采取了一系列措施，并取得了较大进展。

"政府部门的目标是让防灾减灾的科普知识进学校、进社区、进农村、进企业，大家应居安思危、未雨绸缪，主动去学习和掌握一些应对灾害的自救、互救技能。"气象局相关专家称，"雷电、暴雨、大风等自然灾害多发区的公众，更应该提高警惕。"

安全要点漫画秀

一、如何应对雷电天气

夏季不仅烈日炎炎，而且雷雨频频，雷电伤人或毁物事件时有发生。当遇到雷电天气时，要注意以下几点。

应对雷电天气的小常识

1. 尽量不要骑自行车、摩托车和电动车，不要把带金属的东西扛在肩上，最好拿下头上佩戴的金属发夹等饰品

2. 应迅速躲入有防雷设施保护的建筑物，不要在雨中停留过久

3. 千万不要站在孤立的高楼、电线杆、烟囱、大树或高塔下躲雨

第八章 自然灾害 沉着应对

④ 如果在车里，切记关好车门，并将车上的天线收起来

⑤ 关好门窗，防止危险的侧击雷和球形闪电侵入，避免因室内湿度大引起导电效应而发生雷击灾害

快关窗！

⑥ 不要赤脚站在泥地或水泥地上，可以穿上绝缘的橡胶雨鞋。不要在雷电交加时用淋浴喷头冲凉，以防雷电沿着水流袭击正在淋浴的人

雷雨天勿用

二、如何应对大风天气

大风是指近地面层风力达 8 级（风速为 17.2～20.7 米/秒）或以上的风。大风会毁坏地面设施和建筑物，往往在很短时间内就会对人类的生产和生活造成较大损害。那么，如何应对大风天气呢？

1. 密切关注大风警报通知，及时采取预防措施，更改外出行程。不要到离居住地较远的地方访亲会友，不到江河湖海等水域游泳

2. 检查门窗、室内悬挂的物品等，并及时进行加固，尤其是迎风一面的门窗。若风势猛烈，可用木板或其他沉重的物品顶住门窗。可为玻璃窗贴上胶布，以免玻璃被击碎时产生的碎片伤人。及时搬移屋顶、窗台、阳台处的花盆等物品，以免被风吹落伤人

3. 外出的同学要尽可能远离建筑工地、电线杆、高压线、大树、广告牌等，以免被大风吹倒的建筑设施、电线杆、广告牌等砸伤

第八章 自然灾害 沉着应对

④ 尽量少走高层建筑之间的狭长通道，因为狭长通道会形成"狭管效应"，风势凶猛时，会给行人带来生命危险

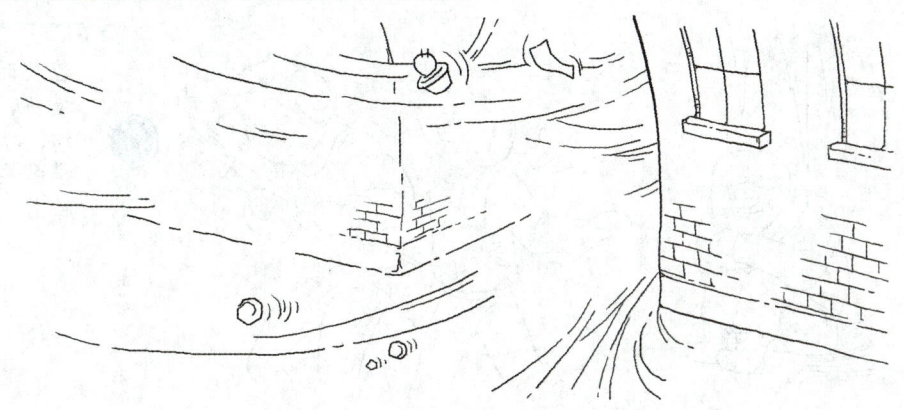

⑤ 不要在风中跑动，也不要骑车，而是应扣好衣服，弯下腰一步一步脚踏实地地前进，并尽快躲进附近的建筑物内

扫一扫

台风来了怎么办？

⑥ 台风过后，不要马上出门。因为台风的风眼在上空掠过后，地面会平静一段时间，但风暴还没有结束。通常，这种平静持续不到1个小时，风就会从相反的方向再度横扫过来。如果是在户外躲避，那么此时就要转移到原来避风地的对侧

153

三、如何应对冰雪天气

冰雪灾害（如雪崩、强暴风雪、低温冰冻等），会对工程设施、交通运输和人民生命财产造成直接破坏，是比较严重的自然灾害。当遇到冰雪天气时，应注意一下几点。

1. 若长时间在寒冷的地方逗留，一定要不停地运动，切忌在疲劳、饥饿时坐卧在雪地上，更不要睡着

2. 预防低温冻伤。为防止被冻伤，应时常活动面部肌肉，并用手揉搓脸、耳、鼻、手腕等部位

3. 若发现皮肤有轻微冻伤现象，应用手或干燥的绒布摩擦伤处，以促进血液循环，减轻冻伤。若手脚被冻伤，可将手脚放在40℃左右的温水中浸泡，或者在冻伤的部位涂上冻伤膏等药物。切忌把冻伤部位直接泡入过热的水中或用火烤。冻伤严重时，应尽快就医

第八章 自然灾害 沉着应对

④ 冰雪天气期间尽量减少户外活动,若必须出门,则要注意防滑,也要做好交通长时间堵塞甚至瘫痪的准备,如带足衣服、食品等

⑤ 处在有雪崩隐患地域的同学要对雪崩有所认识,尽量绕开容易发生雪崩的斜坡

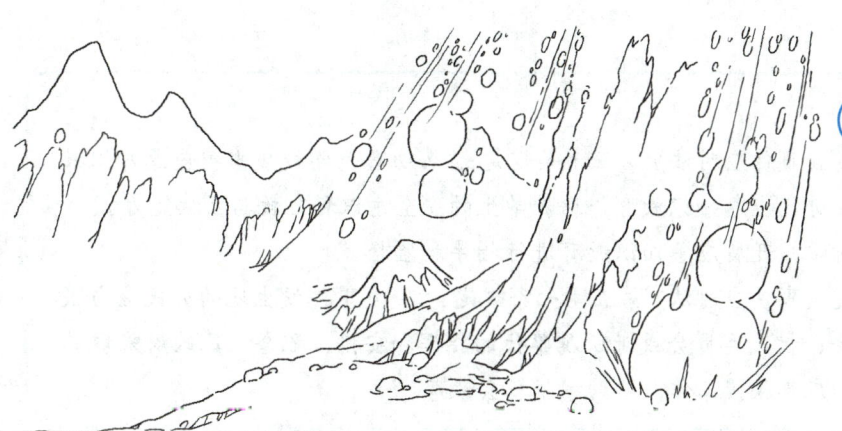

⑥ 遇到雪崩时,扔掉身上一切重物,然后横向逃跑,而不要沿雪崩的方向逃跑。若形势不利于逃跑,则立即找一个大块岩石或类似的坚固凸起物以掩体,从而阻挡雪崩直接冲击身体

雪崩发生后如果被埋入雪中,要尽量露出头部,以保持呼吸通畅。当雪崩减弱时,要立即以游泳的姿势划往高处。如果不能爬出雪堆,应放慢呼吸,耐心等待救援

普法小课堂

《中华人民共和国突发事件应对法》第三十条规定:"各级各类学校应当把应急知识教育纳入教学内容,对学生进行应急知识教育,培养学生的安全意识和自救与互救能力。

教育主管部门应当对学校开展应急知识教育进行指导和监督。"

《中华人民共和国突发事件应对法》第五十七条规定:"突发事件发生地的公民应当服从人民政府、居民委员会、村民委员会或者所属单位的指挥和安排,配合人民政府采取的应急处置措施,积极参加应急救援工作,协助维护社会秩序。"

安全互动抢答

(1)遇到雷电天气时怎么办?
(2)遇到大风天气时怎么办?
(3)如何防止被冻伤?被冻伤后应如何处理?

第二节

应对地质灾害

案例引入——新疆伽师发生 6.4 级地震

2020 年 1 月 19 日 21 时 27 分，新疆喀什地区伽师县发生 6.4 级地震，震源深度 16 千米，震中位于北纬 39.83 度、东经 77.21 度，附近多地震感强烈。

据统计，此次地震造成 1 人死亡、2 人轻伤，4 000 余间房屋不同程度损坏，部分道路、桥梁、水库等设施受损，直接经济损失 16.2 亿元。

我国是一个地质灾害频发的国家，我们在缅怀那些在灾害中不幸逝世的同胞时，也应该思考，当地质灾害突然来临时，该如何正确应对和自救。

校园安全教育

安全要点漫画秀

地震成因知多少？

一、如何应对地震

1. 注意地震前的异常现象。地震前一般会出现地光、地声、地面的初期震动等现象，即地震从地下初动到房屋开始坍塌会有一个短暂的时间差，称为救生时间，此时应快速跑到室外安全的地方

2. 撤离时要保持冷静，尤其是在教室、食堂等人多的地方，要听从老师或相关工作人员的指挥，避免因人群惊慌而出现踩踏事故

3. 撤离时要远离电力设施和煤气，以免触电或被烧伤

④ 迅速撤到户外开阔的区域。如果身处建筑的较高楼层中,千万不要去阳台,不要乱跑或慌张跳楼,更不要使用电梯

⑤ 无法撤离时,尽量躲在面积小的房间,如卫生间、厨房等,最好能找一个可形成三角空间的地方,或者选择承重墙、墙角、坚固的桌子等承载力较大的地方躲避,同时护住头部,尽量远离玻璃、书柜等易碎和易倒的物体

⑥ 撤到室外后,也应远离广告牌、高压线、变压器、高大的建筑物、山崖、河边等危险物品或地带,尤其不能到桥下避险,也不要慌乱奔跑,以免摔倒或掉进地震裂缝中

一旦被埋压,如果暂时不能脱离危险区,则要设法避开身体上方不结实的坍塌物。如果手可以活动,尽量寻找物品支撑断壁残垣,加固周围环境,等待救援。同时,尽量寻找身边能发声的物品,以便发出求救信号

如果被埋压在废墟中,周围一片漆黑,切记不要慌张,一定要有求生的信念,千方百计保护自己。同时,坚信坚持就能胜利,等待救援

二、如何应对泥石流

泥石流一般暴发突然、来势凶猛,并携带大量泥沙及石块,因而破坏性极大。当遇到泥石流时,需要注意以下几点。

在野外露营时要对泥石流的威胁有清醒的认识,应选择平整的高地作为营地,不要在谷底、河床或有滚石和大量堆积物的山坡下扎营

第八章 自然灾害 沉着应对

② 泥石流的发生常常滞后于降雨,因此,连续降雨或暴雨之后,不要前往或停留在危险区

泥石流来了怎么办?

③ 在野外或山区,一旦遇到大雨,要注意观察周围的情况,特别要留心倾听远处是否传来隆隆的轰鸣声。如果听到了这种声音,应该迅速向沟岸两侧山坡或高地跑,不要顺着泥石流沟向下游跑,要远离山谷、河床等低洼的地方,也不能在树上躲避

④ 万一不幸陷入泥潭,不要慌乱,要大声呼救,并且冷静地自救。可以尽力将身体向后仰,轻轻躺在泥潭上,慢慢将身体抽出。万万不可挣扎,以免越陷越深

⑤ 泥石流对人的伤害主要来自泥浆，泥浆会使人窒息。将受伤人员救出后，应立即清除其口、鼻、咽喉内的泥土及痰、血等，然后使其平卧，头后仰，将舌头牵出，尽量保持受伤人员的呼吸道通畅

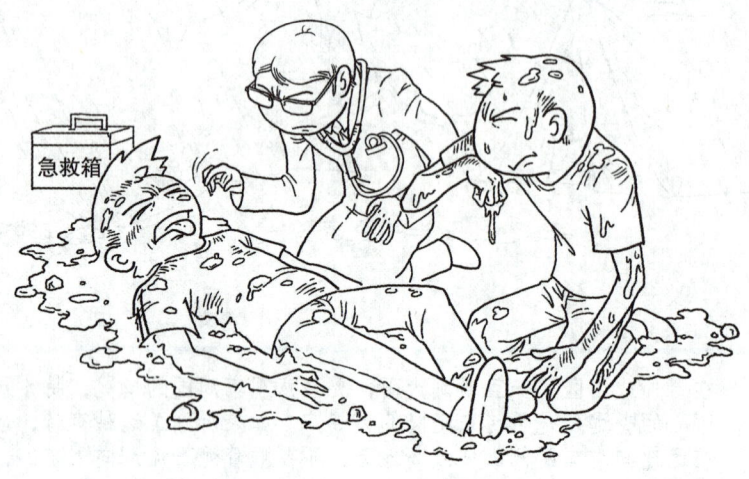

 普法小课堂

《中华人民共和国防震减灾法》第四十六条第三款规定："交通、铁路、水利、电力、通信等基础设施和学校、医院等人员密集场所的经营管理单位，以及可能发生次生灾害的核电、矿山、危险物品等生产经营单位，应当制定地震应急预案，并报所在地的县级人民政府负责管理地震工作的部门或者机构备案。"

《地质灾害防治条例》第九条规定："任何单位和个人对地质灾害防治工作中的违法行为都有权检举和控告。

在地质灾害防治工作中做出突出贡献的单位和个人，由人民政府给予奖励。"

 安全互动抢答

（1）若发生地震来不及逃跑，该如何做？
（2）如何避免陷入泥石流？

第八章 自然灾害 沉着应对

安全小作业——感受暴雨中的大爱

 典型案例

2023年9月8日，受台风"海葵"影响，一场大暴雨突袭广东广州！整个城市瞬间陷入严重内涝，地面塌陷、地铁被淹、停水停电、信号全断……

在自然灾害面前，人类是那么渺小。但暴雨无情人有情，微弱的个人力量加起来就变得异常强大。在暴雨和洪水中，坚强的广东人民团结一心，众志成城，用爱和善意筑起围墙。

广州市某商场负一楼被淹，导致许多人被困。商场工作人员和热心市民自发排成一排，组成人链，在水中一边高喊着口号，一边用一根长长的绳子将被困人员一个个拉出来。在广州地铁1号线，众多人员被水围困，刚刚入职的实习医生小于也被困在车内。当从车内获救、脱离危险时，他听到了寻找医生的呼喊声，便义无反顾地快速返回，逆行救人。穿着医院新发的白大褂，他跪地做了6个小时的心肺复苏，救活了十几个人，全然顾不上自己已经烂成一片的膝盖。武警官兵在抗洪抢险现场连夜奋战十几个小时，疲惫不堪的他们只是席地躺下稍作休息，而后又继续投入抢险之中……

一方有难，八方支援。在灾情面前，全国人民心连心，第一时间组织救援队伍奔赴广东。最终，在党和政府的带领下，广东人挺住了！广东走出了暴雨的阴霾，迎来了灿烂的阳光。

历史证明，每一次灾难来临，中华民族的大爱精神都会展现出来——只要我们拧成一股绳，就没有跨不过去的坎。

 案例分析

水火虽无情，但人间有大爱。在广东这场强降雨带来的洪水灾害中，我们看到，灾难的无情不能战胜人性的美好。中华民族团结互助、英勇顽强的品质和大爱情怀已深入骨髓、化作血液。在这次抗洪救灾过程中，全国上下始终紧密团结在一起，用理想和信念凝聚力量，用真情和关爱相互温暖，用拼搏和奉献共同担当。

青春因磨砺而出彩，人生因奋斗而升华。每个人出一分力，国家就能汇聚起排山倒海的磅礴力量；每个人努力向前迈出一小步，民族就能迈出势不可当的复兴步伐。青年大学生要勇于担当，有所作为，将大爱情怀熔铸到血液中，努力为中华民族的伟大复兴贡献自己的力量。

 校园安全教育

 我手写我心

请同学们根据安全研习社的学习和自己的经历，填写下面的卡片。

 我感受过的大爱

 思想感悟

第九章

步入社会　谨防陷阱

第一节

谨防实习和就业陷阱

案例引入——求职不成反被骗

扫一扫

求职择业安全危机的常见类型

寒假期间，学生兰某在某网站上寻找兼职时，看到一则招聘打字员的广告，兰某觉得该兼职工作时间自由，便按照广告上的联系方式向对方咨询详细情况。对方以工作简单、薪资高为饵，骗取兰某的信任，先后以资料费、培训费、VIP 会员费等理由陆续让其转账 2 000 元。之后对方继续以不同理由向兰某收费，兰某察觉到不对劲，拒绝了向对方汇款的要求，紧接着便被对方拉黑。兰某这才意识到自己被骗，立即报了警。

第九章 步入社会 谨防陷阱

安全要点漫画秀

一、如何规避实习和就业陷阱

① **提高素质，练就本领：** 我们经常说的"好好学习"并不是一句空话，在学习中可以提高综合素质和专业技能，从而更容易辨别就业陷阱并找到好工作

② **学会做人：** 学会做人是一个人的立身之本。据调查显示，情商低下、心理脆弱、知识陈旧、技能单一、反应迟钝、单打独斗、目光短浅、不善于学习、不守纪律、怕吃苦这十种人很难找到理想的工作，且容易误入陷阱，走向歧途

③ **定位准确，切勿好高骛远**：要正确认识自己，既不能悲观，也不要盲目乐观，不能异想天开，要对自己和工作有准确的定位

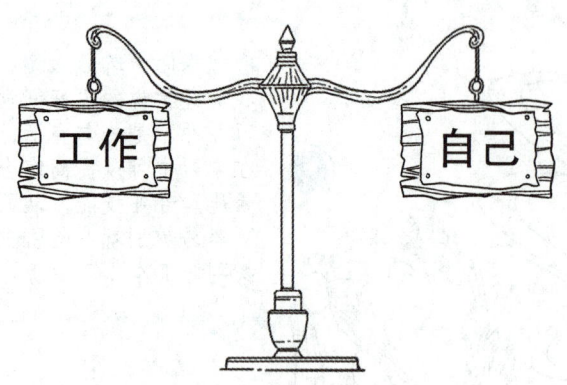

④ **注意自身安全**：应选择大型、专业、知名的人才网站投递应聘简历。此外，如果用人单位将面试安排在宾馆、小胡同等非常规地点，或将面试时间安排在晚上，就不要贸然前往了

⑤ **拒绝交纳费用**：应聘过程中一旦用人单位提出要先交纳费用，这一般代表的是骗局，要坚决予以回绝，哪怕要交纳的费用不多也要拒绝。正规用人单位绝不会让应聘人员交纳费用

6 **收集信息，冷静思考**：实习和就业陷阱的报道已屡见不鲜，同学们应多关注相关报道，提高警惕。应聘前最好先对招聘企业有基本了解，并对企业的招聘信息做出基本判断，不要轻信对方

7 **加强法律意识和防范意识**：平时要学习和了解相关法律法规，在签订劳动合同时要仔细查看，避免误入合同中的文字陷阱和签下霸王条款

二、如何防止实习和就业被骗

1 **学会果断放弃**：遇到实习和就业陷阱，或是被要求完成远远超出自己能力的任务时，要勇于说"不"，果断选择放弃

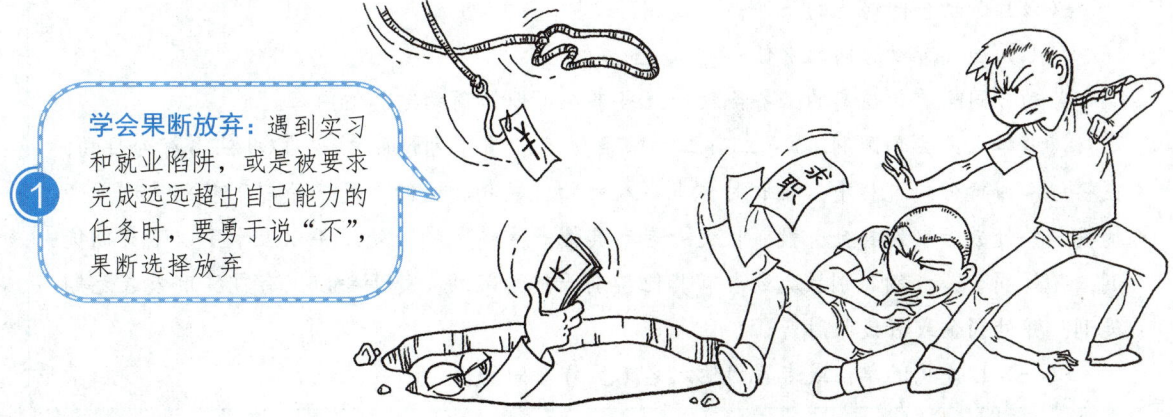

及时求助：如果发现误入某个实习和就业陷阱，要及时求助学校就业指导部门或当地相关劳动部门，并及时报警

普法小课堂

《中华人民共和国劳动法》第十六条规定："劳动合同是劳动者与用人单位确立劳动关系、明确双方权利和义务的协议。

建立劳动关系应当订立劳动合同。"

《中华人民共和国劳动法》第十七条规定："订立和变更劳动合同，应当遵循平等自愿、协商一致的原则，不得违反法律、行政法规的规定。

劳动合同依法订立即具有法律约束力，当事人必须履行劳动合同规定的义务。"

《中华人民共和国劳动法》第十九条规定："劳动合同应当以书面形式订立，并具备以下条款：

（一）劳动合同期限；

（二）工作内容；

（三）劳动保护和劳动条件；

（四）劳动报酬；

（五）劳动纪律；

（六）劳动合同终止的条件；

（七）违反劳动合同的责任；

劳动合同除前款规定的必备条款外，当事人可以协商约定其他内容。"

《中华人民共和国刑法》第二百二十四条规定："有下列情形之一，以非法占有为目的，在签订、履行合同过程中，骗取对方当事人财物，数额较大的，处三年以下有期徒刑或者拘役，并处或者单处罚金；数额巨大或者有其他严重情节的，处三年以上十年以下有期徒刑，并处罚金；数额特别巨大或者有其他特别严重情节的，处十年以上有期徒刑或者无期徒刑，并处罚金或者没收财产：

（一）以虚构的单位或者冒用他人名义签订合同的；

（二）以伪造、变造、作废的票据或者其他虚假的产权证明作担保的；

（三）没有实际履行能力，以先履行小额合同或者部分履行合同的方法，诱骗对方当事人继续签订和履行合同的；

（四）收受对方当事人给付的货物、货款、预付款或者担保财产后逃匿的；

（五）以其他方法骗取对方当事人财物的。"

安全互动抢答

（1）你周围的朋友遇到过就业陷阱吗？谈谈如何规避就业陷阱。

（2）在实习和就业过程中被骗应怎么办？

第二节

谨防误入传销

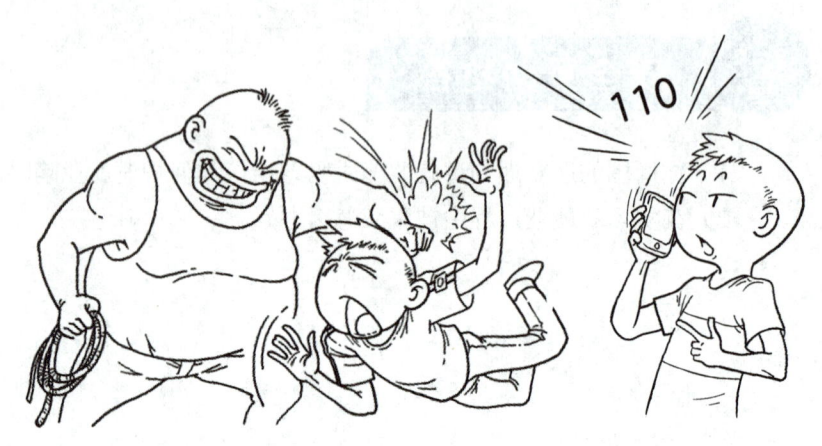

 案例引入——"吃人"的传销魔窟

某学校毕业生孙某误入传销陷阱，因为拒绝加入传销组织，孙某遭到群殴，最终身亡。

孙某从学校毕业后通过网络求职，在东莞找到一份"工作"。到东莞后，他被接到一出租屋中才发现自己误入传销魔窟，当晚，他一度逃出魔窟，但很快就被抓了回来。随后，传销人员开始对孙某进行洗脑，但孙某始终抗拒。

最后，有些失去耐心的传销人员与孙某展开协商，可孙某还是要求离开。据犯罪嫌疑人供述：该组织管理人员安排了数名传销人员合力把孙某的头部一次次摁进装有洗衣水的脸盆内，让他屈服。可是孙某还是不改要离开的初衷。

由于孙某当时已经瘫倒，管理人员有些放松警惕，这时孙某突然起身试图冲出房门。慌乱之中，有人用手臂勒住孙某的喉咙，有人用膝盖撞击孙某的脊椎骨，还有人从旁侧踢孙某的腿部和肋骨。

据犯罪嫌疑人供述，这个群殴过程持续了几分钟。晚上11时许，孙某开始口吐白沫，两名传销骨干在医院扔下孙某，逃之夭夭。

医院方面当即报警。警方马上介入调查，次日凌晨，警方找到了涉事出租屋，相关人员全部被逮捕。

安全要点漫画秀

一、何谓传销

国务院发布的《禁止传销条例》第二条规定:"本条例所称传销,是指组织者或者经营者发展人员,通过对被发展人员以其直接或者间接发展的人员数量或者销售业绩为依据计算和给付报酬,或者要求被发展人员以交纳一定费用为条件取得加入资格等方式牟取非法利益,扰乱经济秩序,影响社会稳定的行为。"

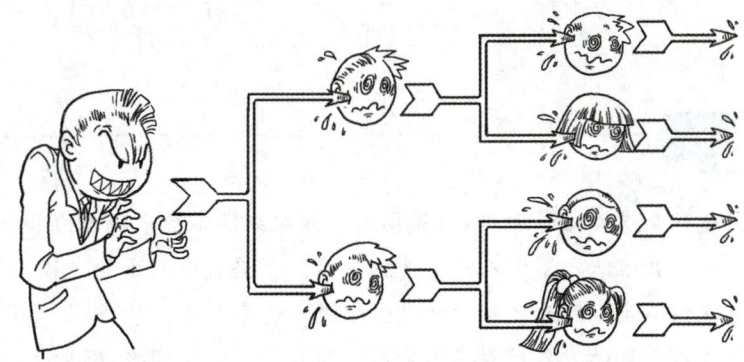

二、如何判断传销

传销在我国一度非常猖獗,为国法所不容。随着国家打击力度的加大和人民认识的提高,有些不法分子绕开了"传销"的字眼,动员他人加入时总是以"直销""网络连锁"等名词作掩饰,混淆是非,这也成为学生实习和就业途中最大的陷阱。

那么怎样才能识别已改头换面的传销呢?传销有它的基本特征,只要具备其中之一,就是变相的传销。

一分钟教你识破传销

① 组织者或者经营者通过发展人员,要求被发展人员发展其他人员加入(俗称"拉人头"),形成上下线关系,并以下线的销售业绩为依据计算和给付上线报酬,牟取非法利益

② 组织者或者经营者通过发展人员，要求被发展人员交纳费用或者以认购商品（商品的价格往往高于市面同类商品）等方式变相交纳费用（俗称"入门费"），取得加入或者发展其他人员加入的资格，牟取非法利益

安全小贴士

  传销实际上是有组织的犯罪活动，这是因为传销组织经常会采取暴力和精神双重控制，使参加者很难脱离传销组织。不少人被"洗脑"后，深陷其中，不能自拔，对传销和变相传销灌输的理念深信不疑。除此之外，传销组织还逼迫参加者发展下线，继续诱骗朋友、同学加入。由于传销人员的发展对象多为亲属、朋友、同学、同乡等，其不择手段的欺诈方法导致人们之间的信任度严重下降，引发亲友反目，甚至家破人亡。

三、误入传销陷阱后如何应对

传销对社会危害极大，学生要充分认识到传销的危害性，一旦误入不可久留。

 ① **克服恐惧心理，沉着冷静很重要**：误入传销组织后，不能做一些过激的行为，如跳楼、拿刀伤人等，这样非但不能解决问题，反而让自己陷入更危险的境地。只有沉着冷静，才能与传销组织斗智斗勇、巧妙周旋，最终化险为夷

误入传销自救方法

② **保持清醒的头脑**：传销组织会对人进行"洗脑"，这是传销组织控制参加者的最有力手段，如果接受了"洗脑"，后果不堪设想。因此，必须保持头脑足够清醒，任传销组织吹得天花乱坠，绝对不能上当

③ **记住地址，伺机报警**：一旦误入传销组织，首先要想办法偷偷报警，或者告知自己的亲人朋友帮忙报警。设法掌握自己所处的具体位置，或者附近的标志性建筑，以待救援

④ **抓住机会逃跑**：传销组织每天都有一些户外活动，在这个过程中随行的人可能相对较少，此时可以寻找机会，迅速逃离

向别人寻求帮助：如果可以接近一些机关单位、企事业单位，寻找机会向保安或工作人员求助；或者跑向人多的地方大声向路人求救；或者在上厕所时偷偷写好求救纸条，然后找机会递出去，让拿到纸条的人帮忙报警

 骗取信任，伺机逃离：如果暂时跑不掉，在敌强我弱的情况下，就要想办法伪装自己，骗取传销组织的信任，等他们放松警惕后再寻找机会逃离

第九章 步入社会 谨防陷阱

7 坚决报警： 一旦脱离传销组织，于人于己，都要马上报警

普法小课堂

《禁止传销条例》第七条规定："下列行为，属于传销行为：

（一）组织者或者经营者通过发展人员，要求被发展人员发展其他人员加入，对发展的人员以其直接或者间接滚动发展的人员数量为依据计算和给付报酬（包括物质奖励和其他经济利益，下同），牟取非法利益的；

（二）组织者或者经营者通过发展人员，要求被发展人员交纳费用或者以认购商品等方式变相交纳费用，取得加入或者发展其他人员加入的资格，牟取非法利益的；

（三）组织者或者经营者通过发展人员，要求被发展人员发展其他人员加入，形成上下线关系，并以下线的销售业绩为依据计算和给付上线报酬，牟取非法利益的。"

《禁止传销条例》第七条规定："有本条例第七条规定的行为，组织策划传销的，由工商行政管理部门没收非法财物，没收违法所得，处50万元以上200万元以下的罚款；构成犯罪的，依法追究刑事责任。

有本条例第七条规定的行为，介绍、诱骗、胁迫他人参加传销的，由工商行政管理部门责令停止违法行为，没收非法财物，没收违法所得，处10万元以上50万元以下的罚款；构成犯罪的，依法追究刑事责任。

有本条例第七条规定的行为，参加传销的，由工商行政管理部门责令停止违法行为，可以处2 000元以下的罚款。"

安全互动抢答

（1）谈谈你对传销的看法。

（2）误入传销陷阱后应如何应对？

安全小作业——提高就业法律意识，和求职陷阱说再见

 典型案例

案例一：公司以健全人事档案为由，收缴求职者证书原件

小赵是会计专业的应届毕业生，就职于某文化公司。入职后，公司要求小赵将毕业证书及学位证书原件交公司保存，并称，公司有健全的人事档案管理制度，为避免欺诈入职，在职员工需要提交学历证明原件，以供核对相应的学历信息，核对无误后，相关证书由公司保存，直至员工离职。因此，小赵提交了毕业证书、学位证书原件。一年后，出于个人发展及薪资考虑，小赵提出离职，但公司不同意小赵的离职申请并拒绝返还相关证书。无奈之下，小赵提起劳动仲裁和诉讼，要求公司返还证书原件。

案例二：公司以解决户口为由，收取求职者保证金

小钱是计算机专业的应届毕业生，毕业后入职某软件公司。公司承诺为小钱解决某市户口问题，但要求小钱交纳五万元保证金。公司称，收取保证金是为了避免小钱取得某市户口后单方面解除劳动合同，只要小钱履行劳动合同，双方劳动合同到期后五万元保证金一定会足额返还。经过考虑，小钱认为公司的说法并无不当，即向公司支付了五万元保证金。然而一年后，公司并未为小钱办理某市户口，且长期不能足额、按时向小钱支付工资。在此情况下，小钱提出了离职，要求解除双方劳动关系，但公司拒绝向小钱返还保证金。最后，小钱只得经过仲裁、诉讼，向该公司追讨款项。

 案例分析

很多大学生由于不懂法、不知法，在初入职场后遭遇"种种不测"，最终不得不求助于仲裁、诉讼机构。因此，大学生应当在学好专业知识的基础上，学习一些就业法律知识，提高法律意识，谨防求职陷阱。

《中华人民共和国民法典》第一百一十三条规定："民事主体的财产权利受法律平等保护。"第一百一十四条规定："民事主体依法享有物权。物权是权利人依法对特定的物享有直接支配和排他的权利，包括所有权、用益物权和担保物权。"依据规定，上述两个案例中，用人单位收缴证书原件、收取户口保证金的行为都违反了相关法律规定。在现实生活中，除了证书原件、户口保证金外，部分用人单位还存在收缴居民身份证、收取教育保证金等情况。如遭遇到上述情形，应勇敢说"不"。

第九章 步入社会 谨防陷阱

我手写我心

请同学们根据安全研习社的学习和自己内心的想法，填写下面的卡片。

🚩 我了解的或者遇到的求职陷阱

💗 在求职过程中用到的《中华人民共和国劳动合同法》相关内容

💡 思想感悟

第十章

急救处理　挽救生命

第一节 常见急症救护

案例引入——掌握急救常识，关键时救人一命

某日下午2点左右，在上海浦东新区龙居路，一名老人昏厥在路边，一名年轻女孩正在对他进行急救，女孩一边哭，一边为老人做着人工呼吸。

据目击者回忆，当天下午2点左右，一名老人突然倒在路边。此时，一名黑衣女孩正巧路过，并马上上前急救。目击者说："我跟她说，我们俩要不要把他扶起来？她说不能扶、不能动，怕产生二次伤害。"同时，周围的热心市民拨打了110、120。女孩则紧张地采取急救措施。可能由于救治不太顺利，女孩焦急地哭了，但她没有放弃。

急救进行了15分钟后，民警和救护车到达了现场。急救医生将老人接走后，女孩没有留下姓名，默默离开了。据了解，黑衣女孩叫小唐，今年23岁，是桂林医学院临床专业的学生，刚进入上海交通大学医学院附属新华医院实习。小唐的善心与见义勇为深深感动了网友，大家纷纷为这个有担当的"95后"点赞。

安全要点漫画秀

一、休克时如何急救

休克是人体主要器官的血液供应不足导致的一种细胞急性缺氧综合征。心跳减弱、大量出血、剧烈呕吐、腹泻、严重烧伤等都可能使人体失去大量体液，从而造成血液供给困难，引起休克。

休克的急救方法如下。

休克后如何急救？

1. 出现休克时，救护者应该使患者躺卧，尽可能抬高患者的下肢，促使血液流到脑部；有条件的可给患者吸氧。若无外伤，可解开患者颈、胸及腰部的衣服，避免衣服妨碍患者的呼吸和血液循环，并马上拨打120寻求帮助。若有外伤出血则应立即止血

2. 若患者呼吸停止，应马上进行心肺复苏，具体操作方法可参考本节第五点内容

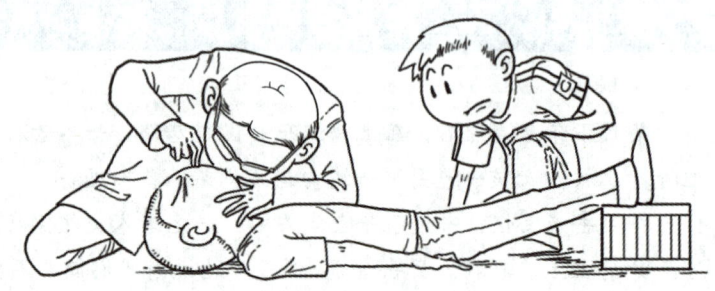

3. 如果患者感觉口干，可给患者一点水润唇，但不要让患者饮食，以免耽误到医院后实行麻醉的时间

二、窒息时如何急救

窒息是指因氧气不足或呼吸系统发生障碍引起的呼吸严重困难甚至呼吸停止现象，若不及时救治会危及生命，这是因为脑内的神经细胞缺氧 3 分钟就会死亡。导致窒息的原因有很多：食物、血液、呕吐物、松脱的牙齿等堵塞呼吸道会引起窒息；意外触电、胸部受压、肺部损伤、颈部受勒等会引起窒息；哮喘或气管炎发作也会导致窒息。

窒息的急救方法如下。

1. 患者出现窒息时，应马上采取急救行动。若是呼吸道堵塞，应将患者下颌上抬，使头部伸直、后仰，解除舌根后坠，使气道通畅，然后用手指或吸引器将口、咽部的呕吐物、血块、痰液及其他异物挖出或抽出。当异物滑入气管时，可使患者俯卧，用拍背或压腹的方法拍挤出异物（具体方法请参考本章第二节内容）

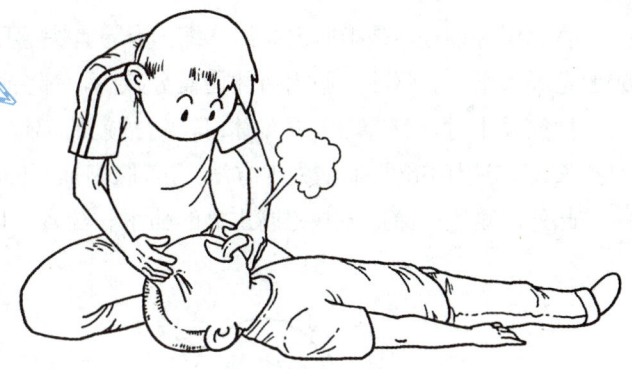

2. 呼吸道通畅后如果患者仍未恢复呼吸，应马上进行心肺复苏，具体操作方法可参考本节第五点内容

3. 待患者呼吸恢复正常后，把患者的身体安置为复原卧式，并尽快拨打 120 寻求救助。但切记不要单独撇下患者，以免患者呼吸中断

> **安全小贴士**
>
> 复原卧式是指让患者侧卧,将离地较远的手垫于脸颊之下,将离地较远的腿的髋关节和膝关节摆放成直角,使头部后仰以防止舌头后坠堵塞气管。

三、痉挛时如何急救

痉挛俗称抽筋,是指肌肉突然挛缩,令患者突感剧痛。运动时或运动后受冷,肌肉动作不协调,或者是大量出汗、呕吐、腹泻后体内盐分减少,都会引起痉挛。

抽筋发生时,患者需要立刻休息,对抽筋的部位进行揉捏,并采用合适的方式将抽筋部位的肌肉拉长(下图为小腿抽筋的处理方法)。若肌肉抽筋的时间很长,可采用热敷或热水浸泡的方法来治疗。此外,喷洒、涂抹一些松筋止痛的药水、药膏可以减缓疼痛。

> **安全小贴士**
>
> 若再次发生抽筋,则需要考虑肌肉是否过度疲劳或脱水。若是前者则必须停止活动进行休息,若是后者则需补充水分和电解质,如喝盐水进行补充。

四、出血时如何急救

加压包扎止血法：该方法是用数层无菌敷料（如纱布、棉球等）盖住伤口，再用绷带、折成条状的布带或三角巾加压包扎伤口，其松紧度以能达到止血效果为宜。当伤口在肘窝、腋窝、腹股沟时，可在加垫敷料后，屈肢并将其固定在躯干上以加压止血

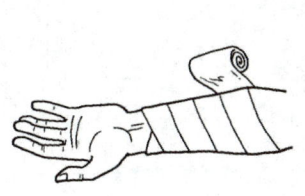
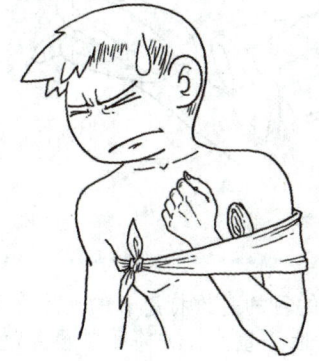

外伤出血时如何止血、包扎？

止血带止血法：如果出血比较严重，最好使用橡皮管或布条之类的止血带绑扎伤口近心端肌肉多的部位，其松紧度以摸不到远端动脉的搏动或伤口刚好止血为宜

安全小贴士

止血时需要注意的问题：在绑扎止血带前，要尽量先将伤肢抬高，并在将要绑扎的部位垫上软质的敷料；若四肢出血，止血带应扎在上臂的上1/3处或大腿中部；扎上止血带后，要每隔半小时至1小时松开一次，每次约2分钟，以防局部组织长时间缺氧而坏死。

五、心跳、呼吸骤停时如何急救

心跳、呼吸骤停是指血液不能自然地流出和流入心脏，呼吸也停止了。导致心跳、呼吸骤停的原因很多，若发现有此症状，应立即为患者进行心肺复苏。

心肺复苏是指当患者呼吸终止及心跳停止时，使用人工呼吸及胸外心脏按压来进行急救，使患者恢复呼吸和心跳的方法。心肺复苏的具体操作程序如下。

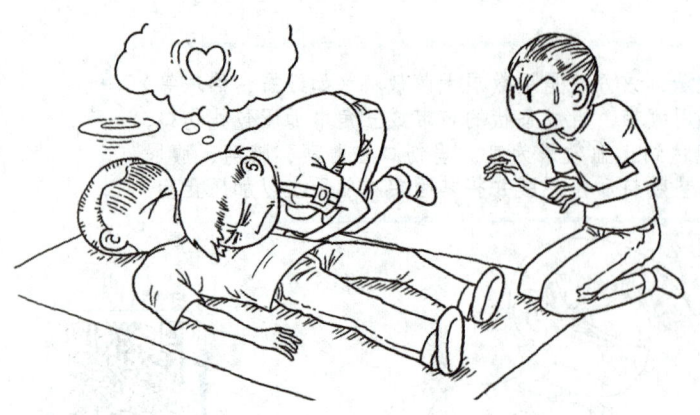

① **安放及检查**：安放患者，使其仰卧于木板或平地上，判断患者意识是否丧失，并检查是否有呼吸和脉搏。及时拨打120，如果现场有自动体外除颤仪（AED），则要及时取过来

② **胸外心脏按压**：胸外心脏按压的目的是维持患者的血液循环，具体方法如下：救护者跪于患者一侧，将双手上下重叠，并将手掌根部放在患者胸骨下段，然后翘起手指，伸直双臂（肘关节不弯曲），双肩垂直于按压部位，借助自身体重和肩部力量向下压，将胸骨下压至少5厘米（成人），随即松手使胸骨复原（手掌不离开胸骨），按压与放松时间比为1∶1。如此反复有节律地进行（每分钟100～120次），直至患者恢复心跳

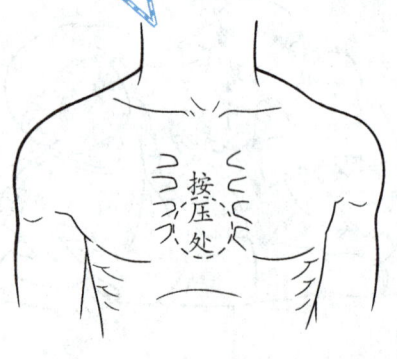
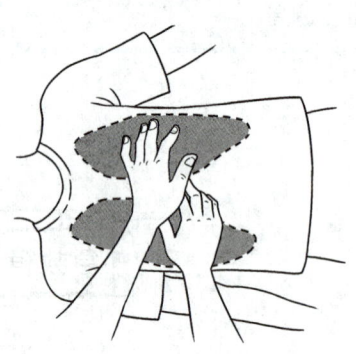

心肺复苏的操作方法

③ **打开气道**：迅速清除患者口腔异物，并用仰头抬颏法使患者的口腔和咽喉呈直线，保持患者气道通畅。仰头抬颏法的具体操作方法如下：救护者跪于患者右侧，左手将患者前额向后压，右手将患者颏部（下巴）向上、向前抬起

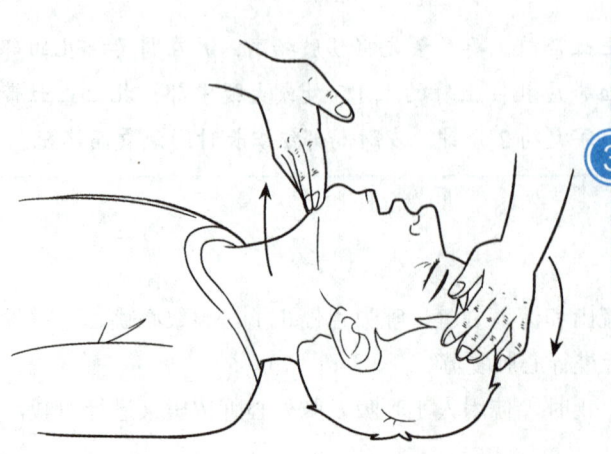

第十章 急救处理 挽救生命

人工呼吸：打开患者口腔，用嘴包住患者的双唇深吹两口气，吹气时应捏住患者的鼻孔（以免鼻腔漏气），并注意观察患者胸部有无起伏。吹气后，放开患者鼻子，将口唇移开并准备下一次吹气，如此反复并有规律地进行（成人每分钟 12～16 次），直至患者恢复自主呼吸

④

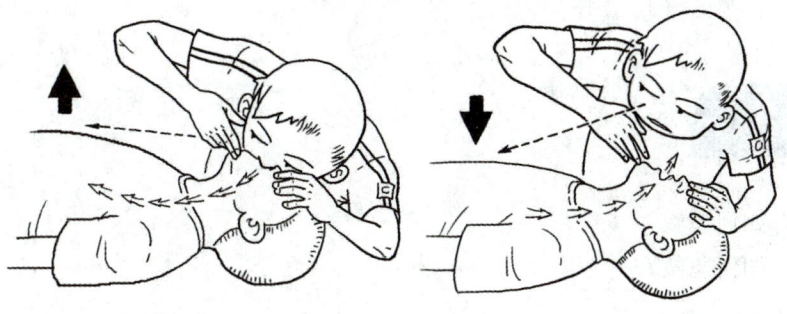

安全小贴士

人工呼吸时，如果患者张不开口，可采用口对鼻吹气法。其间必须将患者的嘴巴用手捏紧，防止气从嘴巴排出。

检查操作是否成功：对患者实施胸外心脏按压和人工呼吸后，若能感觉患者大动脉搏动，或者发现患者恢复自主呼吸、双瞳孔由大缩小、肤色（特别是唇和指甲的颜色）转为红润，表示操作成功

⑤

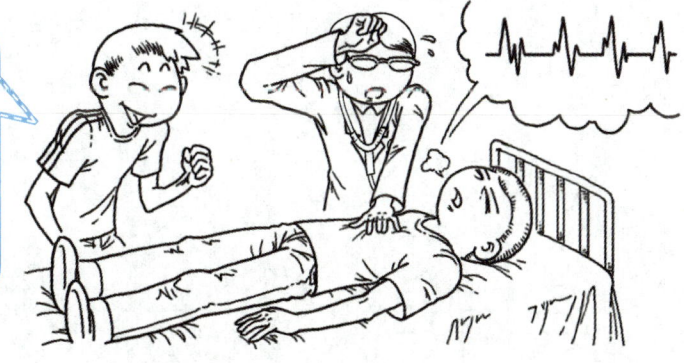

安全小贴士

为深入实施《健康中国行动（2019—2030 年）》，贯彻落实教育部等五部门发布的《关于全面加强和改进新时代学校卫生与健康教育工作的意见》精神，加强学校急救教育，提升学生健康素养，教育部印发通知实施青少年急救教育行动计划，开展全国学校急救教育试点工作。

试点工作主要有三项重点任务。一是普及校园急救知识。建立以课堂教学为主渠道、以主题教育为重要载体、以日常教育为基础的急救教育推进机制。二是配备校园急救设施。

试点学校要参照有关学校卫生工作标准、校园急救设施设备配备标准等，结合学校规模、环境、地势、交通、建筑等实际情况，配备足用、实用、适用的校园急救设施设备。三是开展应急救护培训。各地要积极会同红十字会、急救中心等部门，重点培训试点学校校医、体育与健康课教师、班主任等教职员工，鼓励支持师生通过应急救护培训取得相关证书。

 安全互动抢答

（1）休克的症状有哪些？如何急救？
（2）窒息的症状有哪些？如何急救？
（3）抽筋时如何急救？
（4）出血时如何急救？
（5）如何实施心肺复苏？

第二节 常见意外伤害急救处理

案例引入——被毒蛇咬伤不幸殒命的女学生

某年8月2日19时许，在福建省某村，一放假在家的女学生被毒蛇咬伤。父母没有及时将女孩送往医院救治，而是带到邻村一老人家中寻医。回家后，蛇毒发作，女孩于次日凌晨2时许在医院经抢救无效后死亡。

"蛇咬伤的是孩子右脚的脚踝和小腿，每个伤口都有两个大牙印，并伴有红肿。"女孩父亲李先生说。

"孩子是在菜地旁的草丛中被咬伤的。当时由于天黑，找不到毒蛇，就赶紧找来绳子绑住孩子的小腿，随后用嘴吸出孩子脚踝的毒血，并用清水冲洗脚踝伤口。"李先生说。简单处理后，他就骑车送孩子到邻村找一位老人治蛇毒，谁知到老人家中后，他又发现孩子小腿上也有两个被蛇咬过的大牙印。

李先生说，老人了解了情况后，很快对孩子的伤口进行涂药包扎处理，同时还拿出40多毫升药酒，让孩子吃完饭后先喝三分之一，剩下的再分两次喝。"当时，我询问这是什么，老人称其是自制的'解蛇毒药酒'，并对我说孩子会好的，让我们回去。我临走时给了老人200元作为酬金。"

该事件中女孩父亲的急救措施基本是正确的，但是由于没有及时发现第二处伤口，也没有及时将女孩送往医院，终酿成悲剧。

安全要点漫画秀

一、中暑时如何处理

轻度中暑的症状包括体温超过 38.5 ℃、脉搏快、面色潮红或苍白、胸闷、全身乏力、血压下降等。重度中暑的症状包括皮肤凉、过度出汗、恶心、呕吐、瞳孔放大、腹部或肢体痉挛、眩晕、头痛、意识丧失。重度中暑包括热痉挛、热衰竭和热射病三种类型，以热衰竭最为常见，以热射病最为严重。

中暑的急救方法如下。

发现中暑该怎么处理？

① 轻度中暑的处理方法主要是给患者降温。轻度中暑时，应尽快将患者移至通风阴凉处，用凉的湿毛巾敷于患者前额，或者用冰水擦拭患者全身。还可用电风扇或扇子等为患者降温

② 重度中暑时，同样需要将患者移至通风阴凉处并降温。此外，还要让患者躺下或坐下，并抬高下肢。若患者神志清醒，可让其喝适量清凉的饮料或盐水。若患者情况无好转，应及时拨打120寻求帮助

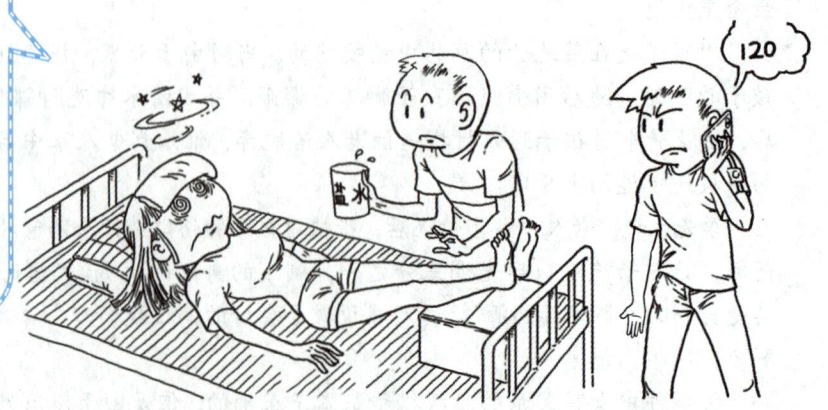

第十章 急救处理 挽救生命

 安全小贴士

中暑后忌过量饮水,特别是热水,正确的方法应是少量、多次饮用凉开水;忌过量进食,特别是不能吃油腻、过热或刺激性的食物,应尽量吃一些清淡爽口的食物。

二、烫伤、烧伤时如何处理

 立即用流动的清水冲洗伤处,或者将受伤部位浸泡在凉开水或干净凉水中 30 分钟,以减轻水肿和疼痛。水温越低越好,但不能低于 −6 ℃。如果伤处不方便用凉水冲洗,可以用几条毛巾轮流进行湿敷

扫一扫

烫伤如何正确处理?

 校园安全教育

② 不要揉搓、按摩、挤压烫伤的皮肤，也不要急着用毛巾擦拭；伤处的衣裤应剪开取下，以免表皮剥脱导致皮肤伤势变重

③ 不要在冲洗后的创面上自涂一些无效的涂物，如酱油、香油、小苏打等，这种做法会污染创面，造成感染；也不要在创面上涂紫药水或汞溴红（红汞），这样做非但起不到作用，还会遮盖创面，为诊断带来麻烦，较大面积地涂红汞反而会引起汞中毒

④ 不严重的轻度烫伤可在家中处理。对于发生在四肢和躯干上的创面可涂上紫草油或烫伤药膏；不要包扎，而应使创面裸露，与空气接触，并使创面保持干燥，从而加快创面复原

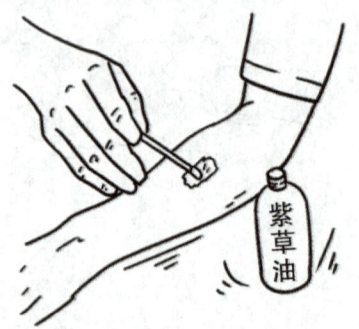
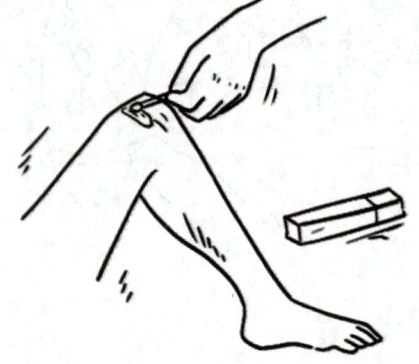

第十章 急救处理 挽救生命

⑤ 如果创面上出现了水泡，决不要自行将水泡弄破，以免造成感染。如果水泡较大或水泡已破，应到医院进行消毒处理

⑥ 对于严重的各种烫伤和烧伤或受伤部位为身体关键部位（如眼睛），应尽快去正规医院烧伤专科治疗，千万不要延误治疗时机，以免造成不良后果

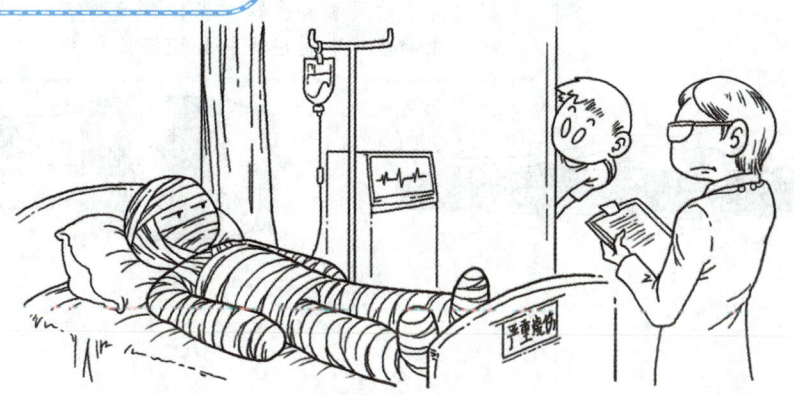

三、骨折时如何处理

发生骨折后，应先止血、包扎并对骨折处做初步固定，然后立即送往医院处理。需要注意的是，运送患者的过程中不要挪动骨折部位。下面是常见骨折的固定方法。

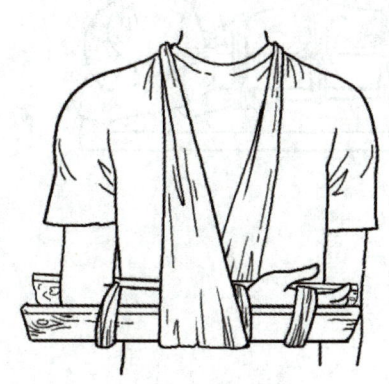

① 前臂骨折的固定方法：首先在骨折突出处加垫敷料，然后将长度超过肘关节至腕关节的两块夹板分别置放在前臂的掌侧和背侧，并用绷带或三角巾将伤肢与夹板打结固定，最后用绷带或三角巾等将固定好的前臂悬挂于胸前

扫一扫

骨折的急救方法

② **上臂骨折的固定方法**：首先在骨折突出处加垫敷料，然后将一块夹板放在伤臂外侧，并用两条绷带将夹板与伤肢的肘、肩两关节固定，最后将前臂屈曲，用绷带或三角巾将其悬挂于胸前

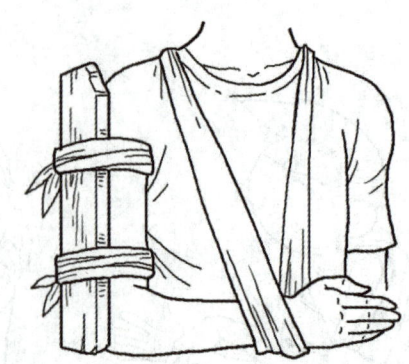

③ **小腿骨折的固定方法**：首先在骨折突出处加垫敷料，然后将长度超过大腿中部至足跟的夹板置于骨折小腿内外两侧，再用绷带分段固定伤口的上下两端和膝、踝关节，并使脚掌与小腿垂直。若无夹板，可在膝、踝部垫好敷料后，将伤肢与健肢并列对齐固定

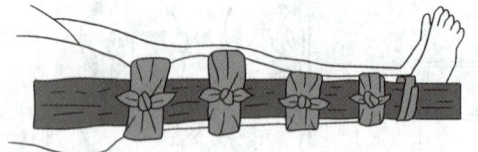 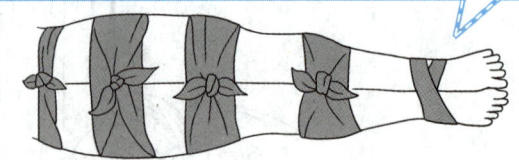

④ **大腿骨折的固定方法**：首先在骨折突出处加垫敷料，然后将长度为从腋下至足跟的夹板置于伤肢外侧并用绷带分段固定

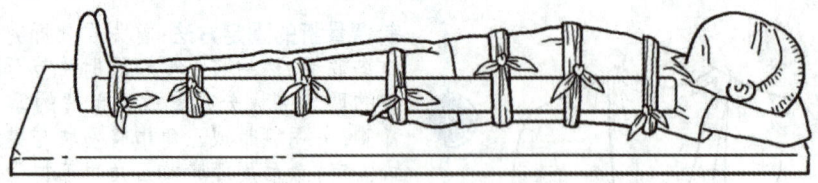

第十章 急救处理 挽救生命

 脊椎骨折的固定方法：将患者平托起来放到硬木板上，并使其仰卧，然后用绷带将患者的胸、腹、髋、膝、踝部固定在木板上。在脊椎骨折急救过程中，千万不能使用软担架或徒手搬运患者，以免患者的脊椎弯曲和扭转

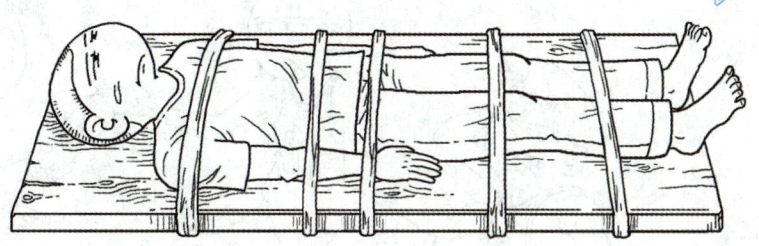

 颈椎骨折的固定方法：让患者仰卧在木板上，并尽快给患者安装颈托，无颈托时可用沙袋、衣服或棉垫填塞在患者头部、颈部、肩部两侧，以防头部摇晃，然后用绷带或三角巾将患者的额头、肩部、胸部固定于木板上

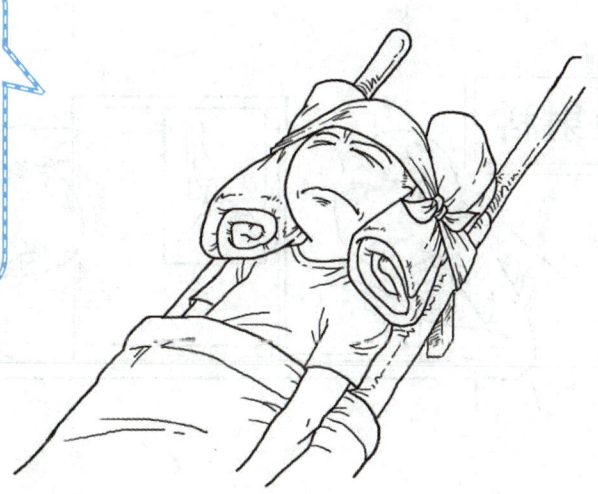

四、扭伤时如何处理

① 不管是哪个部位扭伤，都必须马上休息，尽量减少伤处用力，以减少疼痛、出血或肿胀，促进伤处较快地复原

校园安全教育

② 尽量在扭伤后几分钟之内使用冷水、冰块等冷敷伤处。冷敷可使血管收缩，减少内出血、肿胀、疼痛及痉挛

③ 到医院做 X 光检查，看是否存在骨折或关节错位

④ 扭伤 24 小时之后就可以用水进行热敷，也可以用热醋、热酒等进行热敷，以活血通络、消肿止痛。同时，还可以外用跌打损伤药物，如红花油、活络油、云南白药气雾剂等

第十章 急救处理 挽救生命

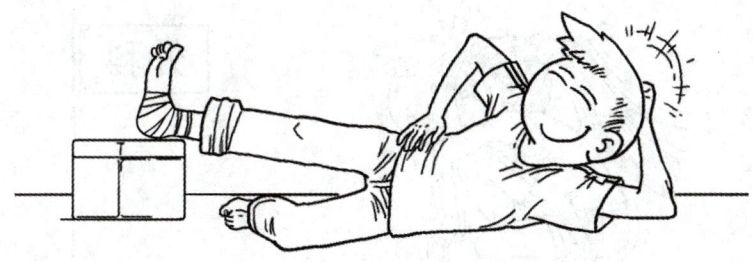

 脚部或下肢扭伤后把伤处抬到心脏高度,可以辅助止血消肿

五、被蛇咬伤时如何处理

参加户外活动或在野外考察实习时,如果不慎被蛇咬伤,不要惊慌失措,应在第一时间急救。如果不知道咬伤人的蛇是否有毒,应按有毒处理。

一般而言,被毒蛇咬伤 10~20 分钟后,其症状才逐渐呈现。被蛇咬伤的处理方法如下。

 将伤口靠近心脏上端 5~10 厘米处用绷带或绳子扎紧,以缓解毒素扩散。但为防止肢体坏死,每隔 15~30 分钟放松 2~3 分钟。如果肿胀已超过捆扎部位,应将捆扎部位上移

 用冷水反复冲洗伤口表面,用双手用力不断挤压伤口以挤出毒血,也可用吸吮的方法,尽量将伤口内的毒液吸出。吸吮时可在伤口上覆盖 4~5 层纱布,用嘴隔纱布用力吸吮(注意吸吮者口内不能有伤,否则会染上蛇毒)

197

③ 为避免毒性迅速发作，应尽量减缓患者的行动；抬着或背着患者，迅速到附近的医院救治

六、被狗咬伤时如何处理

被狗咬伤后的最大隐患是感染狂犬病病毒。狂犬病病毒发病后的死亡率为100%，且这种病毒有1~3个月的潜伏期，有的长达数年。因此，一旦被狗咬伤，应及时处理，切勿大意。

 安全小贴士

> 狂犬病是一种侵害中枢神经系统的急性病毒性传染病，多由携带狂犬病病毒的疯狗咬人而引起。虽然大多数狗都不携带狂犬病病毒，但为保险起见，一旦被狗咬伤，应按狂犬病处理。除狗以外，被携带狂犬病病毒的猫、狼等咬伤也可引起狂犬病。

被狗咬伤的处理方法如下。

① 若伤口流血，只要不是流血太多，就不要急着止血，因为流出的血液可将伤口残留的疯狗唾液冲走，起到一定的消毒作用。对于流血不多的伤口，要从近心端向伤口处挤压出血，以利排毒

被狗咬伤或被猫挠伤的正确处理方法

② 可以用浓肥皂水反复清洗伤口，尤其是伤口深处，然后用清水冲洗。冲洗后，再用70%的酒精或50%~70%的白酒涂擦伤口数次。涂擦完毕后，不必包扎伤口，任其裸露

③ 及时到医院进行处理，注射抗狂犬病免疫血清、狂犬病疫苗、破伤风抗毒素及抗生素等药物，避免感染狂犬病

七、气管有异物如何处理

任何物品进入气管内均称气管有异物，常因在进食时打闹、哭笑，异物随吸气进入气管所致。当异物进入气管后，如果不及时处理，会堵塞呼吸道，引起窒息甚至死亡。

① 气管有异物时切忌慌张，首先要冷静判断气管是否完全被堵塞，若没有完全被堵塞，可鼓励患者咳嗽或呼气，争取自行排出异物

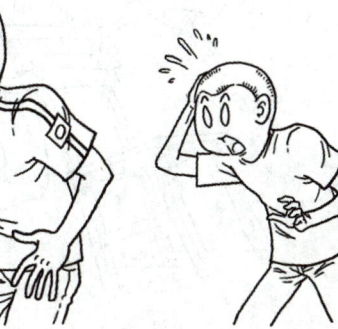

校园安全教育

② 当患者无法自行排出气管异物时，救护者站在患者身后，用双臂环绕患者的腰部，一只手握拳，另一只手紧握此拳，快速向内、向上冲击按压患者的腹部；重复连续冲击，直至异物排出

③ 当患者已经失去意识时，将患者以仰卧姿势放置，使用仰头抬颏法使患者气道开放，然后救护者跨骑在患者的髋部，一只手的掌根放在患者上腹部正中，另一只手放在前一只手的手背上，快速向内、向上按压患者腹部；重复连续冲击，直至异物排出

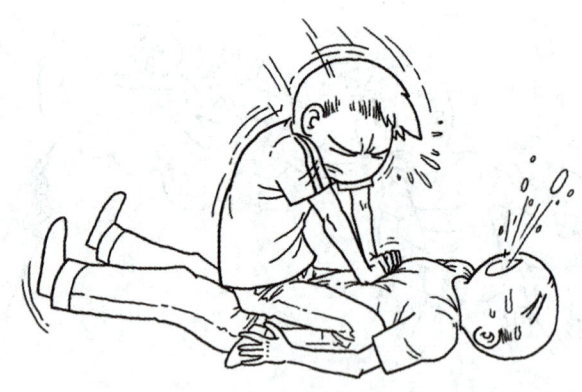

④ 在无人救助的情况下，患者应稍弯下腰，靠在固定的水平物体上，如桌子边缘、椅背、扶手等，以物体边缘按压上腹部，快速向上冲击；重复连续冲击，直至异物排出

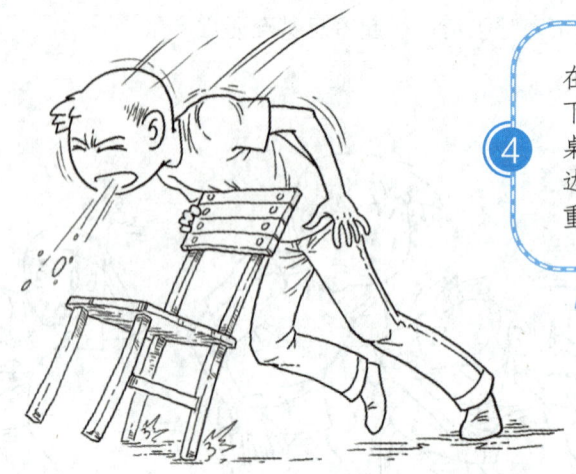

第十章 急救处理 挽救生命

安全小贴士

以上2、3、4条介绍的方法属于海姆立克急救法，其原理是快速挤压腹部，使腹腔压力骤然增大，膈肌迅速上举，胸腔压力急速增大，从而驱使肺部残留空气形成一股气流，迫使堵塞气管的异物喷出。注意：当患者为孕妇或明显肥胖的人时，不可按压腹部，而应按压胸骨处。

普法小课堂

《学生伤害事故处理办法》第五条规定："学校应当对在校学生进行必要的安全教育和自护自救教育；应当按照规定，建立健全安全制度，采取相应的管理措施，预防和消除教育教学环境中存在的安全隐患；当发生伤害事故时，应当及时采取措施救助受伤害学生。

学校对学生进行安全教育、管理和保护，应当针对学生年龄、认知能力和法律行为能力的不同，采用相应的内容和预防措施。"

安全互动抢答

（1）被烫伤时应如何处理？
（2）被蛇咬伤时应怎么办？
（3）被狗咬伤时应如何处理？

安全小作业——时间就是生命

 典型案例

10月24日19时51分，武汉市解放大道循礼门公交车站台附近，万某骑电动车与一位骑自行车的男子相互避让时，不慎摔倒在地。要去医院上夜班的陈珂当时正好路过，赶忙过去查看，发现万某趴在路边不省人事，口鼻部都是血。凭借自身的专业知识，陈珂对伤者进行了初步诊断，在路人张先生等人的帮助下将伤者扶正，松开其衣物，立即实施胸外心脏按压。张先生也立即拨打120和110求助。

在被按压了约三分钟后，万某依然没有恢复心跳和呼吸。陈珂随即请张先生帮忙清理万某口腔里的污物，并开始口对口进行人工呼吸。几个循环的胸外心脏按压和人工呼吸后，万某终于恢复了呼吸和心跳，意识也逐渐清醒，这时是19时57分。

20时03分左右，120急救人员和110出警人员陆续到场。陈珂将伤者的情况对医护人员进行了说明。此时她才发现在跪地按压时，自己的膝盖磨破了皮。

后来，陈珂说，工作中经历了无数次应急演练和实战，实施心肺复苏早已成了家常便饭。对于心搏骤停的人，时间就是生命，必须抓紧每一分每一秒，否则就延误了治疗时机。

 案例分析

生命健康是一切活动的基础和前提，但是各种意外伤害和突发急症却时刻威胁着我们的生命健康。我们永远不知道明天和意外哪一个会先来。因此，我们只有具备保障生命健康安全的基本技能——急救技能，才能有效应对意外的发生。

"急"是时间，"救"是技术。"急救"就是当有意外或突发疾病时，救护者在医护人员到达现场前，按医学护理的原则对患者进行的紧急救治。医护人员不会随时在我们身边，而时间就是生命！当意外发生时，除了求助于专业人员外，我们需要现场维持患者的生命，把握住"救命的黄金时间"，将一个有生命迹象的患者交给医护人员。只有这样，医护人员才有救治他的可能。

我们在掌握基本急救知识的同时，也要树立"时间就是生命"的强烈意识，抓紧时间抢救，争分夺秒，让患者生存的希望大一些，再大一些！

第十章　急救处理　挽救生命

我手写我心

请同学们根据对时间和生命的理解以及自身的实践经历，填写下面的卡片。

我知道的急救故事

我掌握的急救方法

思想感悟